Михаэль Лайтман

Раскрытие Каббалы

*Руководство для граждан Земли
по обретению счастья*

Л18

Лайтман Михаэль
Л18 **РАСКРЫТИЕ КАББАЛЫ.** Руководство для граждан Земли по обретению счастья. – М:«РИПОЛ классик», 2008. – 232 с.

Laitman Michael
RASKRITIE KABBALI. Rukovodstvo dlya gragdan Zemli po obreteniu schastiya. – M: «RIPOL klassik», 2008. – 232 pages.

ISBN 978-9657-06580-8

Я решил написать книгу «Раскрытие каббалы», чтобы представить в ней эту науку как источник жизненной мудрости, доказавшей свою ценность на протяжении тысячелетий. По сути, именно сегодня каббала актуальна как никогда в качестве духовного и практического руководства к жизни.

Эта книга расскажет вам, чем на самом деле является эта древняя наука: откуда она взяла свое начало, как развивалась, и как в наши дни служит источником и путеводителем для всех нас, помогая уверенно жить и преуспевать в современном изменчивом мире.

Вместе с тем, эта книга может стать вашим собственным путешествием, в котором вы совершите множество открытий. Я старался вести повествование о науке каббала просто и доступно, потому что мне хотелось, чтобы вам было приятно читать эту книгу. Если «Раскрытие каббалы» привнесет больше надежности и комфорта в вашу повседневную жизнь и позволит, тем не менее, бросить мимолетный взгляд в вечность – я буду полностью вознагражден.

М. Лайтман

© М. Лайтман, 2008.
© «РИПОЛ классик», 2008.
© НФ «Институт перспективных исследований», оформление, 2008.

ISBN 978-9657-06580-8

ОГЛАВЛЕНИЕ

Об авторе   7

Часть 1. Каббала: в прошлом и настоящем

Общий замысел	12
Колыбель науки	15
Другие пути	18
Главные вопросы	20
Появление каббалы	22
Двигатель перемен	24
Занять место водителя	26
Спрятать, искать… и не найти	29
Глобальный кризис имеет счастливый конец	31
Эгоизм – ловушка	33
Необходимость единства	36
Повышенная восприимчивость	40
Время пришло	43
Выводы	45

Часть 2. **Величайшее из всех желаний**

Толчок – основа роста	49
За закрытыми дверями	52
Эволюция желаний	55
Управление желаниями	59
Появление нового желания	61
Метод реализации нового желания	63
Исправление эгоистического желания	66
Выводы	69

Часть 3. **Истоки творения**

Духовные миры	73
Четыре основных стадии	76
Поиски Замысла Творения	83
Маршрут	90
Верх и низ	93
Адам Ришон – общая душа	98
Выводы	101

Часть 4. **Наша Вселенная**

Пирамида	105
Как вверху, так и внизу	108
Вверх по лестнице	110
Стремление к духовности	116

Выводы 123

Часть 5. Чья реальность является реальностью?

Три ограничения
 при изучении каббалы 129
Восприятие реальности 135
Ловушка заблуждения 138
Несуществующая реальность 139
Измерительный прибор 143
Шестое чувство 146
Если есть путь –
 есть управляющий им 149
Замысел творения 153
Решимот: назад в будущее 156
Выводы 160

Часть 6. Узок путь, ведущий к свободе

Тьма перед рассветом 166
Прекрасный мир в четырех шагах 172
Познай границы своих возможностей 176
«Поводья жизни» 179
Изменить себя, изменяя общество 182
Четыре фактора 185
Птицы одной породы 191

Никаких анархистов	195
Смерть эгоизма неизбежна	197
Лечение	200
Сокрытие	203
Условия свободного выбора	206
Свободный выбор	208
Вера	209
Знание	211
В двух словах	214
Приложения	217

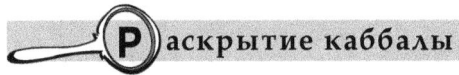

ОБ АВТОРЕ

Михаэль Лайтман (философия PhD, биокибернетика MSc, профессор онтологии и теории познания) является всемирно известным специалистом в области классической каббалы. Пройденный им жизненный путь в высшей степени необычен для признанного духовного лидера: получив академическое образование и достигнув значительных успехов на поприще биокибернетики, он обратился к древней науке – каббале, которая и поныне остается главным объектом его исследований.

Михаэль Лайтман начал изучать каббалу в 1976 году. В поисках истинного учителя в 1979 году ему посчастливилось попасть к известному каббалисту Баруху Ашлагу (1906-1991) – старшему сыну и пре-

емнику Йегуды Ашлага (1884-1954), известного в каббалистическом мире под именем Бааль Сулам. Это имя и славу принес ему комментарий «Сулам» (иврит – *Лестница*) на книгу «Зоар».

С этого времени и на протяжении двенадцати лет Михаэль Лайтман был ближайшим учеником и личным помощником Баруха Ашлага, неустанно сопровождая его все последние годы жизни.

После смерти своего учителя, в 1991 году, Михаэль Лайтман основал Международную Академию каббалы, а затем, в 2004 году, Институт исследования каббалы им. Й. Ашлага (*ARI - Ashlag Research Institute*) – независимые, некоммерческие ассоциации, занимающиеся научной и просветительской деятельностью в области науки каббала.

Международная Академия каббалы имеет развитую сеть филиалов и центров дистанционного обучения более чем в 30 странах мира. Сайт Академии *www.kabbalah.info* отмечен энциклопедией «Британика», как один из крупнейших учебно-образовательных интернет-ресурсов по числу посетителей, количеству и информативности материала. Он предоставляет неограниченный доступ к каббалистическим текстам более чем на 20 языках и насчитывает десятки тысяч посетителей в день.

Сегодня многолетние исследования Михаэля Лайтмана в области каббалы находят всеобщее признание. Его перу принадлежат более тридцати книг. По интернет-каналу *www.kab.tv* ежедневно ведется прямая трансляция его лекций с синхронным переводом на шесть языков (английский, русский, немецкий, испанский, французский, турецкий).

С 2005 г. Михаэль Лайтман является членом Всемирного Совета Мудрости (*World Wisdom Council*) – собрания ведущих ученых и общественных деятелей, занимающихся решением глобальных проблем современной цивилизации. Известные представители международного интеллектуального сообщества приветствуют его усилия по передаче каббалистического знания ученым и широкой общественности.

Профессор Эрвин Ласло (Италия/Венгрия) – основатель и президент Будапештского клуба (*Club of Budapest*) и Всемирного Совета Мудрости (*World Wisdom Council*): «В то время, когда решается судьба нашего будущего существования на этой планете, древняя наука каббала снова приобретает значимость и актуальность. Мудрость, содержащаяся в классическом учении, должна быть использована для решения проблем, с которыми мы столкнулись, и для осуществления открывающихся перед нами возможностей. Это послание должно стать доступным для всех людей, как в Израиле, так и во всем мире. Михаэль Лайтман, как никто другой, способен решить эту важнейшую задачу и выполнить эту историческую миссию».

Об авторе

Профессор Даниэль Мэтт (США) – ведущий специалист в области философии каббалы: «Михаэль Лайтман – это уникальная и удивительная личность: талантливый ученый, который создал обоснованный синтез науки и каббалы».

Часть 1

Каббала в прошлом и настоящем

ОБЩИЙ ЗАМЫСЕЛ

Ни для кого не секрет, что каббала – не плод современных модных голливудских веяний. Эта наука существует уже тысячи лет. В момент ее зарождения люди были гораздо ближе к природе, чем сейчас. Они чувствовали свою тесную связь с ней и бережно относились ко всему, что их окружало.

В те дни у людей не имелось особых причин обособляться, так как они не были настолько эгоцентричны и отъединены от природы, как мы сегодня. В то время человечество представляло собой ее неотъемлемую часть и стремилось глубже познать мир вокруг себя. Недостаток знания законов природы не позволял людям чувствовать себя защищенными: они испытывали страх перед мощью стихий и поневоле воспринимали их как высшие силы.

Раскрытие каббалы

Находясь в тесной связи с природой, и, вместе с тем, опасаясь ее, люди стремились не только познать окружающий мир, но и, самое важное, определить, что или кто им управляет.

В те далекие времена род человеческий не мог укрыться от буйства стихий, как сегодня, избежать невзгод, неведомых нашему «искусственному» миру. Таким образом, близость к природе и страх перед ней побуждали многих искать некий умысел, который она приготовила для них, а, следовательно, и для всех нас. Эти первооткрыватели окружающего мира хотели знать, есть ли у него какая-то цель, и если есть, то какова роль человечества в общем замысле творения. Те из них, кто сумел достичь наивысшего уровня познания Замысла творения, стали называться «каббалистами».

Термин «каббалист» происходит от ивритского слова «каббала», что означает «получение». Оригинальным языком каббалы является иврит – язык, который изначально создавался каббалистами и для каббалистов, помогая им в общении друг с другом на духовные темы. Многие каббалистические книги написаны и на других языках, но основные термины всегда употребляются на иврите.

Уникальной личностью среди этих «первопроходцев» был человек по имени Авраам. Он знаменит тем, что не только сам глубоко исследовал Замысел творения, но и передавал это знание другим. Однажды он осознал, что единственным средством от страха и страданий станет для людей полное понимание намерения природы на их счет, и поэтому, не жалея сил, начал обучать всех, кто только пожелал этого. Таким образом, Авраам стал первым каббалистом, положившим начало плеяде учителей каббалы: самые способные его ученики становились учителями, которые, в свою очередь, передавали это знание следующему поколению последователей.

Каббалисты называют автора общей программы природы «Творец», а саму программу – «Замысел творения». Иными словами, когда каббалисты говорят о природе и ее законах, они имеют в виду Творца. Говоря же о Творце, они подразумевают природу и ее законы. Эти термины синонимичны.

Для каббалиста определение «Творец» обозначает не конкретную, сверхъестественную сущность, а следующую ступень, на которую должен взойти человек, приобретая знание более высокого уровня. На иврите слово «Творец» звучит как «Борэ» и состоит из двух слов: «Бо» (приди) и «Рэ» (смотри). Таким образом, слово «Творец» адресуется каждому человеку в качестве приглашения познать духовный мир.

КОЛЫБЕЛЬ НАУКИ

Знания, приобретенные первыми каббалистами, не только помогли им постичь скрытую механику происходящего, но и позволили объяснить природные явления, с которыми сталкиваемся мы все. Таким образом, вполне естественно, что они стали учителями, а научные сведения, переданные ими потомкам, легли в основу, как древних, так и современных наук.

Возможно, кому-то каббалисты представляются отшельниками, пишущими таинственные манускрипты в полутемных каморках при свечах. Это и понятно, поскольку вплоть до конца XX века каббала, действительно, держалась в секрете. Такая мистическая атмосфера порождала вокруг этой науки всевозможные истории и легенды, и, несмотря на лживость большинства из них, они до

Каббала в прошлом и настоящем

сих пор озадачивают и вводят в заблуждение даже самых серьезных мыслителей.

Однако каббала не всегда сохранялась в тайне. В действительности, первые каббалисты открыто делились своими познаниями и принимали активное участие в общественной жизни. Взаимодействие с каббалистами оказывало влияние на ученых, являвшихся их современниками, способствуя формированию основ того, что мы сегодня называем «западной философией» и что впоследствии заложило фундамент современной науки. Вот что пишет об этом Иоганн Рейхлин, гуманист, исследователь классицизма, специалист в области древних языков и литературы, в книге «Искусство каббалы»: «Мой учитель Пифагор, отец философии, все-таки перенял свое учение не от греков, а скорее от иудеев. Поэтому он должен быть назван каббалистом... И он первым перевел слово «каббала», неизвестное его современникам, на греческий язык словом «фило-

> *Готфрид Лейбниц, великий математик и философ, открыто высказывает свои мысли о том, как засекреченность повлияла на каббалу: «Поскольку у людей не было правильного ключа к Тайне, то страсть к знанию была, в конечном итоге, сведена ко всевозможным пустякам и поверьям, из чего возникла своего рода «вульгарная каббала», которая далека от истинной каббалы, а также различные фантазии под ложным названием магии, и этим полнятся книги».*

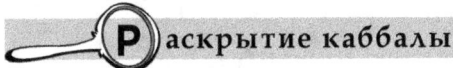

Раскрытие каббалы

софия»... Каббала не позволяет нам проводить жизнь в прахе, но поднимает наш разум к вершине познания».

ДРУГИЕ ПУТИ

Однако философы не были каббалистами. Поскольку они не изучали каббалу, то не могли во всей полноте осознать и глубину этой древней мудрости. В результате, знание, развитие и применение которого требовало особого подхода, развивалось и применялось искаженно. Когда же каббалистическая наука проникала в другие части света, где в то время не было каббалистов, она также претерпевала значительные изменения.

Таким образом, человечество пошло окольным путем. Несмотря на то, что западная философия вобрала в себя частицы каббалистического знания, ее развитие все же потекло в совершенно ином направлении. Западная философия породила науки, которые исследуют наш материальный мир, воспринимаемый посредством пяти органов

Раскрытие каббалы

чувств. Каббала же является наукой, которая изучает происходящее *за пределами* восприятия наших естественных сенсоров. Смена приоритетов увлекла человечество в направлении противоположном, отличающимся от первоначального знания, которым обладали каббалисты. Такая смена курса заставила человечество проделать долгий обходной путь, последствия этого факта мы рассмотрим в следующей части.

ГЛАВНЫЕ ВОПРОСЫ

Каббала была скрытой наукой в течении 2000 лет. Причина этого очень проста – она не была востребована. С тех пор человечество занималось становлением монотеистических религий, а затем развитием науки. Как наука, так и религия понадобились для того, чтобы дать ответ на самые фундаментальные вопросы: «Каково наше место в мире, во Вселенной?» «В чем цель нашего существования?» Другими словами: «Для чего мы рождены?»

Однако сегодня, как никогда прежде, многие люди чувствуют: то, чем они довольствовались в течение 2000 лет, больше не отвечает их потребностям. Объяснения, которые дают религия и наука, уже не удовлетворяют их. В поисках ответов на самые основные вопросы о смысле жизни, люди обращаются к другим источникам: кто-то – к восточным учениям, предсказателям судьбы, к магии и мистике, а кто-то – к каббале.

Поскольку каббала изначально была создана для разъяснения этих исконных вопросов, ее знание дает на них прямой ответ. Заново открывая древние ответы на вопрос о смысле жизни, мы, буквально, заделываем брешь между человечеством и природой, возникшую в то время, когда мы отвернулись от каббалы и обратились к философии.

Каббала в прошлом и настоящем

ПОЯВЛЕНИЕ КАББАЛЫ

«Дебют» каббалы состоялся около 5000 лет назад в Месопотамии – древнем государстве, находившемся на территории современного Ирака. Месопотамия была родиной не только каббалы, но и всевозможных древних практик и мистических традиций. В те дни люди доверяли многим учениям, часто исповедуя несколько из них одновременно. Астрология, предсказание будущего, нумерология, магия, колдовство, практики заклятий и сглаза – все это и многое другое развивалось и процветало в Месопотамии, культурном центре древнего мира.

Пока люди довольствовались верованиями, они не испытывали необходимости в переменах. Их интересовало лишь то, как обезопасить свою жизнь и каким образом сделать ее приятной. Чело-

век не интересовался проблемами происхождения жизни, и менее всего его занимало, кто или что является творческой силой, создавшей ее законы.

На первый взгляд может показаться, что разница между этими вопросами невелика. По сути, вопрос о происхождении жизни отличается от вопроса о законах, ею управляющих, так же, как умение водить машину не предусматривает умения ее конструировать. Это совершенно различный уровень знания.

Каббала в прошлом и настоящем

ДВИГАТЕЛЬ ПЕРЕМЕН

Желания не возникают как гром среди ясного неба. Они неосознанно формируются внутри нас и выходят на свет, только приобретя законченный вид. До этого момента желания или не ощущаются вовсе, или, как происходит в большинстве случаев, воспринимаются как беспричинное беспокойство. Нам всем знакомо это чувство, когда хочется, неведомо чего. Это и есть незрелое желание.

Платон однажды сказал: «Нужда – мать изобретательности», – и был прав. Каббала также учит нас, что единственный способ узнать – прежде всего, захотеть узнать это. Формула очень проста: захотев чего-то, мы делаем все возможное, чтобы добиться желаемого. Мы находим время, мобилизуем все силы и приобретаем необходимые навы-

ки. Выходит, что желание является двигателем любых перемен.

Эволюция наших желаний определяет и формирует всю историю человечества. Их рост побуждал людей исследовать окружающую среду, чтобы удовлетворить новые потребности. В отличие от неживой природы, растений и животных, люди постоянно развиваются. У каждого нового поколения и у каждой личности желания увеличиваются, делаются все сильнее и сильнее.

Каббала в прошлом и настоящем

ЗАНЯТЬ МЕСТО ВОДИТЕЛЯ

Этот источник изменений – желание – состоит из пяти уровней, считая от нулевого до четвертого. Каббалисты называют его «желанием получать наслаждение», или просто «желанием получать». Когда каббала только зарождалась (около 5000 лет назад), желание получать находилось на нулевом уровне. Сейчас, как вы можете догадаться, мы находимся на четвертом, самом значительном этапе его развития.

В далеком прошлом, когда желание получать находилось на нулевом уровне, наши потребности не были столь непомерны, чтобы отделять нас от природы и друг от друга. Тогда наша общность, слияние с окружающей средой являлось естественным способом существования, а сегодня многие готовы заплатить приличные деньги, чтобы вновь окунуться в это первичное состояние на уроках медитации (и давайте признаем, не всегда успешно). Люди даже не помышляли, что могут оказаться изолированными от природы.

В силу своего единства древние представители рода человеческого даже не испытывали при общении друг с другом нужды в словах, и умели передавать мысли телепатически. Это, поистине, было время целостности, и все человечество было как один народ.

Ситуация начала меняться еще тогда, в Месопотамии: желания людей стали возрастать и делаться все более эгоистичными. Вместо того чтобы как можно лучше приспособиться к природе, адаптироваться в ее среде, люди пожелали изменить мир вокруг себя для удовлетворения собственных потребностей, чем только усилили собственную обособленность и отчужденность. Сегодня, много веков спустя, мы понимаем, что эта идея оказалась неразумной. Она просто не работает.

Вполне естественно, что люди, противопоставив себя всем и вся, уже не относились друг к другу как члены одной семьи, а к природе – как к своему дому. Ненависть пришла на смену любви, посеяв в едином народе разобщенность. Сначала он раскололся на две группы, которые, разделившись, отправились на восток и на запад. Продолжая дробиться, они-то, в конце концов, и образовали все множество народов, существующих на сегодняшний день.

Одним из проявившихся признаков разделения стало возникновение множества языков, что описано в Библии как падение Вавилонской башни.

Каббала в прошлом и настоящем

Разные языки разобщили людей, породив путаницу и беспорядок. На иврите слово «беспорядок» звучит как «бильбуль», в ознаменование создавшейся неразберихи столица Месопотамии и получила название Бавель (Вавилон).

После этого раскола наши желания выросли с нулевого уровня до первого, и мы стали противопоставлять себя природе. Вместо того чтобы исправлять растущий эгоизм, не нарушая единства с природой, то есть, с Творцом, мы построили механический, технологический щит, который должен был заслонить нас от нее. Изначально мы развивали науку и технологию для того, чтобы оградить свое существование от разгула стихии. Однако выходит, что осознанно или невольно, мы, по сути, пытаемся контролировать Творца и занять место водителя.

Все то время, когда происходили эти путаницы и беспорядки, Авраам жил в Вавилоне, помогая своему отцу изготовлять статуэтки божков и вести семейную торговлю. Нетрудно догадаться, что Авраам находился как раз в самой гуще этой мешанины идей, процветавших в Вавилоне – своего рода Нью-Йорке древнего мира. Беспорядком и объясняется постоянно возникающий у Авраама вопрос: «Кто управляет всем этим?», – ответ на который позволил ему открыть закон природы. Когда он понял, что у этого беспорядка и разобщения есть цель, то сразу же начал рассказывать об этом всем, кто пожелал его слушать.

СПРЯТАТЬ, ИСКАТЬ... И НЕ НАЙТИ

Человеческий эгоизм продолжал расти, и с переходом на каждый новый его уровень мы уходили все дальше от природы (Творца). В каббале расстояние не измеряется в сантиметрах или метрах, оно характеризуется *свойствами*. Свойства Творца – единство и отдача, но почувствовать Его мы можем, только если обретем те же свойства. Если я эгоцентричен, то никоим образом не смогу соединиться с целостным и альтруистичным Творцом. Это все равно, что пытаться увидеть другого человека, повернувшись к нему спиной.

Поскольку мы стоим, спина к спине с Творцом, и до сих пор хотим Его контролировать, то, очевидно, что чем больше усилий мы прилагаем, тем сильнее наше разочарование. Невозможно подвергнуть испытанию то, что нельзя увидеть или хотя бы почувствовать. Это желание не осуществится, если мы не развернемся на 180 градусов, не посмотрим в противоположном направлении и не обнаружим Его.

Люди уже начинают уставать от несбыточных обещаний технологической эры насчет богатства, здоровья и, что само главное, безопасного будущего. Сегодня лишь очень немногие обладают всем этим, но даже они не могут с полной уверенностью сказать, что завтра их не ожидают перемены. Преимущество же такого состояния в том, что оно побуждает пересмотреть направление нашего развития и задать вопрос: «Может быть, все это время мы шли по неверному пути?»

Именно сегодня, когда мы признаем наличие кризиса и безвыходность сложившейся ситуации, мы можем открыто заявить о том, что избрали тупиковый путь. Вместо того чтобы пытаться компенсировать наш эгоцентризм посредством развития технологии, противопоставляя тем самым себя природе, нам следует заменить эгоизм альтруизмом, в результате чего мы сможем соединиться с ней.

В каббале такое изменение называется «тикун» – «исправление». Осознать свою противоположность Творцу, значит, признать разделение, происшедшее между Ним и нами пять тысяч лет назад. Это называется «осознание зла». Поступить таким образом не просто, однако это является первым шагом к истинному здоровью и счастью.

ГЛОБАЛЬНЫЙ КРИЗИС ИМЕЕТ СЧАСТЛИВЫЙ КОНЕЦ

За последние пять тысяч лет каждая из двух первоначальный групп людей, вышедших из Месопотамии, развилась в цивилизацию, состоящую из множества различных народов. Одна из них стала тем, что мы называем «Западная цивилизация», а другая – тем, что мы называем «Восточная цивилизация».

Растущее их противостояние свидетельствует о том, что процесс, начавшийся с разделения людей, близится к завершению. Пять тысяч лет назад единый народ распался из-за роста эгоизма его членов, повлекшего за собой разлад между ними. Нам до сих пор не удалось сдвинуться с мертвой точки, но сегодня мы гораздо яснее осознаем это.

Мудрость каббалы гласит, что сегодняшнее противостояние культур и популярность мистических течений, которыми изобиловала древняя Месопотамия, указывают на начало объединения людей в новую цивилизацию. Сегодня мы начинаем понимать, что связаны между собой и должны вернуться к состоянию, существовавшему до разделения. Воссоздав единое человечество, мы также восстановим и нашу связь с природой, с Творцом.

ЭГОИЗМ – ЛОВУШКА

Эгоизм – это западня, делающая ситуацию неразрешимой, а действия бессмысленными, разоблачающий сам себя, приводящий к своему отрицанию и исправлению.

Во времена расцвета мистицизма мудрость каббалы была раскрыта, она дала людям знание о постепенном росте нашего эгоизма и причинах его возникновения. Каббалисты утверждали, что все сущее состоит из желания наполниться наслаждением.

Однако когда желания эгоистичны, они не могут осуществиться в их естественном виде. Это происходит потому, что удовлетворяя какое-либо желание, мы гасим его, а, погасив, уже перестаем наслаждаться им. Например, представьте себе ваше любимое блюдо. Теперь, вообразите себя сидящим за столом в шикарном ресторане, и улыбающийся официант приносит вам тарелку под крышкой, ставит ее перед вами и открывает крышку. Мммм... Какой знакомый восхитительный аромат! Вы уже наслаждаетесь? Ваше тело – да, именно поэтому оно начинает вырабатывать слюну и желудочный сок при одной мысли об этомястве.

Однако в тот самый момент, когда вы приступаете к еде, наслаждение уменьшается. Чем больше вы насыщаетесь, тем меньше удовольствия испытываете от еды. В конце концов, насытившись, вы уже не получаете никакого наслаждения и прекращаете есть. Вы перестаете поглощать пищу не потому что наелись, а потому что, когда желудок наполнен, еда больше не доставляет удовольствия. Это «ловушка» эгоизма: если вы получили желаемое, то вам этого уже больше не хочется.

Следовательно, поскольку жизнь без наслаждений для нас невозможна, мы *должны* продолжать изыскивать новые и более ощутимые наслаждения. С этой целью мы развиваем новые желания, которые тоже останутся ненаполненными. Это замкнутый круг. По сути, чем больше мы хотим, тем более опустошенными себя ощущаем. Опустошенность же усиливает наше разочарование.

Поскольку человечество находится на самом напряженном уровне желаний, которого еще не наблюдалось за всю его историю, мы вынуждены признать, что сегодня наша неудовлетворенность гораздо выше, чем когда-либо, хотя мы имеем значительно больше, чем наши отцы и праотцы.

Именно контраст между тем, что мы имеем сейчас и нашей все возрастающей неудовлетворенность и порождает современный кризис. Чем более эгоистичными мы становимся, тем более опустошенными себя ощущаем и тем очевиднее усугубляется кризис.

Каббала в прошлом и настоящем

НЕОБХОДИМОСТЬ ЕДИНСТВА

Изначально все люди были внутреннее связаны между собой. Мы ощущали и считали себя одним человеческим существом, и природа относится к нам именно так. Это «коллективное» существо зовется «Адам». Слово «Адам» является производным от слова «домэ», что на иврите означает «подобный» – подобный Творцу, который также один, единственный. Однако, несмотря на первоначальное единство, с ростом эгоизма мы постепенно утратили ощущение взаимосвязи и стали стремительно отдаляться друг от друга.

Каббалистические книги свидетельствуют о том, что по замыслу природы наш эгоизм должен продолжать расти до тех пор, пока мы не поймем, что стали чужими и ненавистными друг к другу. Согласно ее плану мы сначала должны были ощу-

 **аскрытие каббалы**

тить всеобщее единство, а затем, разделиться, превратившись в себялюбивых и обособленных индивидуалистов. Только так мы способны осознать свою полную противоположность Творцу и крайний эгоизм.

Более того, для нас это был единственный способ осознать, что эгоизм негативен, не приносит удовлетворения и совершенно безнадежен. Как уже говорилось, эгоизм разъединяет нас и отделяет от природы, но чтобы изменить такое положение, нам необходимо сначала понять, что дело обстоит именно таким образом. Это осознание уже позволит нам захотеть измениться и найти способ восстановить связь со всем человечеством и с природой – с Творцом. Ведь мы уже говорили, что желание является двигателем перемен.

В действительности, мы не делаем выбор между альтруизмом и эгоизмом. Нам только кажется, что мы имеем возможность выбирать: быть нам эгоистами или альтруистами. Однако, исследуя природу, мы обнаружим, что альтруизм является ее фундаментальным законом. Например, каждая клетка в теле изначально эгоистична, но для того чтобы существовать, ей необходимо отказаться от своих эгоистических наклонностей ради благополучия всего тела. В награду за это клетка ощущает жизнь всего организма, а не только свою собственную.

Мы также должны развивать между собой подобные связи. Тогда чем больше мы преуспеем в объединении, тем отчетливее будем ощущать вечную жизнь Адама вместо своего преходящего

Каббалист Йегуда Ашлаг пишет, что Высший свет, наполняя желание и покидая его, подготавливает сосуд, пригодный для выполнения задачи, – альтруистический. Другими словами, если мы хотим почувствовать единение с Творцом, нам необходимо в начале быть едиными с Ним, а затем, утратить это единство. Испытав оба состояния, мы сможем осознанно сделать выбор – настоящее единство должно быть осмыслено.

Можно этот процесссравнить с тем, как малыш чувствует свою связь с родителями; подросток уже бунтует против них, а повзрослев, понимает и оправдывает свое воспитание.

физического существования.

Сегодня как никогда ранее альтруизм оказался необходим для нашего выживания. Уже очевидно, что мы все взаимосвязаны и зависим друг от друга. Эта зависимость обусловливает новое и очень точное определение альтруизма. Всякое действие или намерение, направленное на объединение человечества, считается альтруистическим. И наоборот, любое действие или намерение, не служащее объединению человечества, является эгоистическим.

Выходит, что противопоставление человека природе и есть источник всех страданий, которые мы видим в мире. Все остальные ее составляющие (минералы, растения и животные) инстинктивно следуют закону альтруизма. Только поведение человека противоречит всем прочим проявлениям природы и Творцу.

Более того, мы наблюдаем в окружающем мире не только человеческие страдания. Все другие элементы природы также страдают от наших неверных действий. Если каждая часть природы инстинктивно следует ее закону и только человек не придерживается этого правила, то получается, что человек – единственный неисправленный элемент природы. Попросту говоря, когда мы исправим свой эгоизм, обратив его в альтруизм, все остальное тоже исправится: экология, экономика, и все проблемы социума в целом.

ПОВЫШЕННАЯ ВОСПРИИМЧИВОСТЬ

За альтруизм полагается особое вознаграждение. Может показаться, что изменение заключается лишь в том, чтобы ставить интересы других людей выше собственных, однако в действительности оно приносит гораздо больше пользы. Начиная думать о других, мы устанавливаем взаимную связь.

Давайте посмотрим на это с такой позиции: сегодня мир населяет около 6,5 миллиардов человек. Представьте, что вам пришлось управлять ими, но вместо ваших двух рук, двух ног и одного мозга у вас есть 13 миллиардов рук, 13 миллиардов ног и 6,5 миллиардов голов? Думаете, вам придется трудно? На самом деле, нет, потому что все эти мозги будут работать как один мозг, и все руки будут действовать, как одна пара рук. Все челове-

чество будет функционировать как одно тело, чьи возможности увеличатся в 6,5 миллиардов раз.

Однако постойте, мы же еще не закончили со всеми преимуществами альтруизма! В дополнение к тому, что каждый, кто приобретет альтруистические свойства, станет сверхчеловеком, он еще получит и самый желанный дар: всеведение, или общую память и совокупное знание. Поскольку альтруизм – есть природа Творца, переняв это свойство, мы приводим свою природу в соответствие с природой Творца, получая способность мыслить, как Он. Мы начинаем познавать, почему все происходит, когда должно произойти, и что нам необходимо сделать, чтобы результат был иным. В каббале подобное состояние называется «совпадение по свойствам» и представляет собой цель творения.

Такое состояние повышенной восприимчивости, совпадения по свойствам и является причиной, по которой мы были созданы. Именно поэтому вначале мы были сотворены едиными, а затем, пережили разделение, чтобы воссоединиться вновь. В процессе объединения мы узнаем, почему природа поступает так, а не иначе, и станем такими же мудрыми, как сама Мысль, ее сотворившая.

Слившись с природой, мы почувствуем себя такими же вечными и совершенными, как она сама. В этом состоянии мы будем ощущать продолжение своего существования в ее вечности даже после смерти тела. Физические жизнь и смерть не будут больше влиять на нас, поскольку на смену былому эгоцентризму придет восприятие холистическое, альтруистическое. Наше собственное существование станет жизнью всей природы.

Раскрытие каббалы

ВРЕМЯ ПРИШЛО

Книга «Зоар» – своего рода «Библия» каббалы, была написана примерно 2000 лет назад. В ней говорится о том, что в конце XX века эгоизм человечества достигнет беспрецедентно высокого уровня.

Как мы уже выяснили ранее, чем больше человек желает, тем более опустошенным себя чувствует. Таким образом, начиная с конца XX века, человечество испытывает наибольшую опустошенность. В книге «Зоар» также сказано, что когда человечество начнет ощущать такую пустоту, ему понадобится средство, которое поможет избавиться от этого состояния, и будет способствовать наполнению. Затем, по свидетельству книги «Зоар», настанет время раскрыть каббалу всему человечеству как средство обрести наполнение путем уподобления природе.

Каббала в прошлом и настоящем

Процесс наполнения не произойдет мгновенно и одновременно для всех. Чтобы исправление произошло, человек должен желать его. В ходе этого процесса развивается наша собственная воля.

Исправление начинается, когда человек осознает, что его эгоистическая природа является источником зла. Это очень личное, мощное переживание, и оно неизменно приводит человека к желанию измениться, перейти от эгоизма к альтруизму.

Как уже говорилось, Творец относится к нам как к единому, совокупному существу. Мы пытались достичь своей цели эгоистически, но сегодня обнаруживаем, что наши проблемы можно решить только коллективно и альтруистически. Чем больше мы будем осознавать свой эгоизм, тем сильнее пожелаем изменить свою натуру. Мы не сделали этого, когда каббала зародилась, но имеем возможность сделать сегодня, потому что теперь мы знаем, что нуждаемся в изменении!

За прошедшие 5000 лет эволюции человечество использовало различные способы получения наслаждения, затем, разочаровывалось в них и изобретало следующие. Одна методика сменяла другую, но мы не становились счастливее. Сейчас, когда появился метод каббалы, целью которого является исправление высшего уровня эгоизма, у нас больше нет нужды идти по пути разочарований. Мы можем просто исправить в себе самый сильный эгоизм с помощью каббалы, и все остальные исправления последуют как эффект домино. Во время этого исправления мы сможем ощутить наполнение, воодушевление и радость.

ВЫВОДЫ

Мудрость каббалы (мудрость получения) возникла около 5000 лет назад, когда люди начали впервые задаваться вопросом о смысле своего существования. Познавшие это, стали называться «каббалистами», у них был ответ на вопрос о смысле жизни и роли человечества во вселенной.

Однако в те дни желания большинства людей были еще слишком незначительны, чтобы пробудить стремление к этому знанию. Поэтому каббалисты, увидев, что человечество не испытывает потребности в их мудрости, скрыли ее и в тайне готовили к тому времени, когда ее смогут воспринять все. Человечество тем временем разрабатывало другие направления своей деятельности, такие как религия и наука.

Каббала в прошлом и настоящем

Сегодня, когда все большее число людей убеждается в том, что ни религия, ни наука не дают ответы на самые сокровенные жизненные вопросы, начинаются поиски объяснений в иных источниках. Приходит то самое время, которого ждала каббала, и потому она появляется именно сейчас, чтобы дать ответ на вопрос о смысле нашего существования.

Каббала учит нас, что природа, или Творец, альтруистична и едина. Она говорит нам о том, что мы должны не только понимать природу, но и стремиться перенять ее способ существования, применив к себе.

Каббала также сообщает нам, что, поступая таким образом, мы не только станем равными природе, но и поймем Общий Замысел, который определил ее существование. Тогда, как утверждает каббала, постигнув Общий Замысел, мы станем подобными его Создателю, а в этом и состоит Цель творения – уподобиться Творцу.

Часть 2

Величайшее из всех желаний

Теперь, когда мы немного познакомились с историей каббалы, самое время посмотреть, какое отношение она имеет непосредственно к нам.

Как многим из вас уже известно, изучение каббалы предполагает использование определенного количества терминов, большинство которых пришло из иврита, иные взяты из арамейского языка, а некоторые позаимствованы из других языков, таких как греческий. Однако мы можем вас успокоить: начинающие и даже продолжающие изучать каббалу вполне могут обойтись небольшим их количеством. Если вы переживаете те духовные состояния, которые ими обозначаются, то вам откроются и их правильные определения.

Каббала говорит о желаниях и их удовлетворении. Она изучает человеческую душу и ее рост - от скромного начала ее пути как духовного семени до победного завершения как Древа Жизни. Однако стоит вам усвоить суть древней мудрости, как все остальные знания вы найдете в собственном сердце.

ТОЛЧОК – ОСНОВА РОСТА

Давайте начнем с того, на чем остановились в предыдущей части. Мы говорили, что будущее может быть прекрасно, если только мы научимся действовать вопреки своему эгоизму – объединяться с другими людьми, формируя единый духовный организм. Мы также узнали, что существует и средство достижения поставленной цели – разработанный специально для этого метод каббалы.

Если оглядеться, то можно ясно увидеть, что мы не взяли курс на позитивное будущее. В мире назрел кризис – и весьма серьезный. Даже если мы еще и не испытали на себе его негативных последствий, нет никаких гарантий, что это не произойдет в будущем. Похоже, что нет ни одной сферы, где кризис не оставил бы своего следа, будь то наша личная жизнь, социум, в котором мы живем, или окружающая среда.

Кризисы сами по себе необязательно явления негативные, они просто указывают на то, что существующий порядок вещей изжил себя, и пришло время двигаться вперед, к следующей ступени развития. Демократия, промышленная революция, женское равноправие, – все это тоже результаты проявления кризиса в различных сферах жизни. По сути все, что сейчас существует, представляет собой результат кризиса отжившей системы.

Сегодняшний кризис по существу не отличается от предыдущих, однако он характеризуется гораздо большей напряженностью и затрагивает весь мир. Как и всякий кризис, он предоставляет возможность для изменения – дает толчок к росту. Если мы сделаем правильный выбор, трудности попросту испарятся. Мы могли бы с легкостью обеспечить продуктами питания, водой и жильем все население земного шара. В наших силах установить мир на Земле и сделать ее процветающей, жизнеспособной планетой. Однако для того чтобы это произошло, нам нужно *захотеть* поступить таким образом и сделать тот выбор, которого *ждет* от нас природа: единство вместо избранного в настоящее время разделения.

Что же получается? Разве мы не хотим объединения? В чем причина нашего отчуждения? Чем убедительнее наш прогресс, чем больше знаний мы приобретаем, тем отчетливее проявляется наше недовольство жизнью. Мы научились стро-

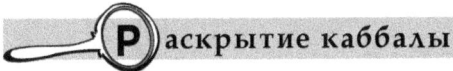

ить космические корабли и создавать роботы размером с молекулу, мы расшифровали геном человека. Почему же мы так и не научились жить счастливо?

Углубляясь в изучение каббалы, мы будем все больше убеждаться в том, что она ведет нас к сути вещей. Прежде чем дать вам какой-либо ответ, она расскажет вам, почему вы оказались в том или ином состоянии. Выяснив же причину происходящего, вы вряд ли будете нуждаться в дальнейших указаниях. Давайте посмотрим, чему мы научились на сегодняшний день, с этой позиции, и тогда, возможно, нам откроется, почему мы до сих пор не нашли дорогу к счастью.

ЗА ЗАКРЫТЫМИ ДВЕРЯМИ

> *Человек... недостаточно или дурно образованный - самая дикая из земных тварей.*
>
> Платон, «Законы», кн. 6.

Знания всегда считались достоянием. Шпионаж не является изобретением современности, он существовал еще на заре времен. В самой его основе неизменно была заложена ценность информации, сведений, вопрос только в том, *кому* стоило их доверять.

В прошлом обладатели знания назывались мудрецами, а познания, которыми они обладали, касались законов природы. Мудрецы скрывали свои постижения, опасаясь, что сведения могут попасть в руки людей, которых они считали недостойными.

Как определить, кто заслуживает обладать знанием? Допустим, я владею некой исключительно важной информацией, вправе ли я скрывать ее? Естественно, никто не согласится с тем, что недо-

стоин знания, именно поэтому мы готовы «украсть» нужные нам сведения, доступ к которым закрыт.

Однако не всегда дело обстояло именно так. Много лет назад, до того как эгоизм достиг своего высочайшего уровня, люди ставили интересы общества выше собственных. Они ощущали свою связь с природой и со всем человечеством, а не замыкались в себе, и для них такое отношение к жизни было естественным.

Сегодня наши представления в корне изменились, и мы уверены в своем праве все знать и поступать по своему усмотрению. Таковы безотчетные установки, которые соответствуют нашему нынешнему уровню эгоизма.

В сущности, еще до того, как человечество достигло четвертого уровня развития желаний, ученые начали торговать своей мудростью, обменивая ее на материальные блага, такие как деньги, почести и власть. Так как искушения материального мира возрастали, люди стали все охотнее отказываться от естественного образа жизни и обращать все свои усилия исключительно на исследования природы. Тогда-то эти псевдомудрецы и направили свои познания на извлечение плотских удовольствий.

Сегодня технический прогресс и неуклонный рост эгоизма личности привели к тому, что злоупотребление знаниями стало общепринятой нормой. Однако чем более развитыми делаются технологии, тем большую опасность люди начинают представлять для самих себя и своего окружения.

Величайшее из всех желаний

Чем могущественнее мы становимся, тем более сильное искушение испытываем воспользоваться своей властью ради получения желаемого.

Как говорилось выше, желание обладать имеет четыре уровня интенсивности. Чем оно сильнее, тем в больший упадок приходят мораль и общество. Следовательно, нет ничего удивительного в том, что мир оказался в кризисной ситуации. Нам также становится понятно, с какой целью мудрецы скрывали свои знания, и почему сейчас растущий эгоизм побуждает их открывать прежде тщательно охранявшуюся информацию.

Если мы не изменим себя, нам не помогут ни знания, ни прогресс. Они способны лишь причинить еще больше вреда, чем уже доставили. Учитывая все это, было бы непростительной наивностью рассчитывать, что научные успехи в состоянии, как обещали, обеспечить людям «хорошую жизнь». Если же мы хотим более светлого будущего, нам нужно только одно – изменить себя.

ЭВОЛЮЦИЯ ЖЕЛАНИЙ

Утверждение, что человеческая натура эгоистична, вряд ли может считаться сенсационным. Поскольку мы, все без исключения, изначально эгоистичны, то имеем склонность злоупотреблять тем, что знаем. Это вовсе не означает, что мы совершим преступление. Это может выражаться в вещах совсем незначительных, скажем, незаслуженное продвижение по службе, или внесение раздора между любящими с выгодой для себя.

Что, действительно, может являться новостью, так, это не то, что человек эгоистичен по своей природе, а что каждый начинает осознавать собственный эгоизм. Осознав свой эгоизм впервые, человек переживает болезненное отрезвление.

Существует прекрасное объяснение причины постоянного развития нашего желания получать,

Величайшее из всех желаний

Первый уровень развития желания связан с физическими потребностями, такими как пища, секс, семья и кров. Это наиболее примитивные желания, свойственные всем живым существам.

В отличие от первого уровня, все остальные имеют отношение только к человеку и обусловлены его принадлежностью к человеческому обществу. Второй уровень связан с желанием богатства, третий – с желанием славы, почестей и власти, а четвертый – с жаждой знания.

и мы очень скоро коснемся этого вопроса. Сейчас же давайте сосредоточим свое внимание на роли этого развития в процессе получения знаний.

Возникая, новое желание создает новые потребности. Когда мы ищем пути их удовлетворения, то развиваем свой разум. Иными словами, эволюция является результатом развития желания, сосредоточенного на получение наслаждений.

Если взглянуть на историю человечества с точки зрения эволюции желаний, становится понятно, что каждая идея, каждое открытие и изобретение были обусловлены этими растущими потребностями.

Счастье и несчастье, наслаждение и страдание зависят от степени удовлетворения наших потребностей. Чтобы достичь удовлетворения, необходимо приложить усилия. В сущности, желания движут нами до такой степени, что, как говорил каббалист Йегуда Ашлаг, «никто и пальцем не пошевелит без мотивации… без какой-либо выгоды для себя». Более того, «если, например, человек перекладывает руку с подлокотника стула на стол, это происходит оттого, что он предполагает извлечь из этого перемещения большее наслаждение, чем уже имеет. Если бы он этого не предполагал, его рука осталась бы лежать на подлокотнике до скончания его жизни».

В предыдущей части мы называли эгоизм «ловушкой». Иными словами, сила наслаждения зависит от силы желания. По мере насыщения желание пропорционально уменьшается. Таким образом, когда исчезает желание – улетучивается и наслаждение. Оказывается, для того чтобы насладиться чем-либо, мы должны не только захотеть этого, но и сохранить свое желание, иначе наслаждение постепенно угаснет.

Более того, наслаждение находится не в самом объекте желания, а в том, кто жаждет этого наслаждения. Например, если я без ума от тунца, это не значит, что сам тунец содержит в себе какое-то наслаждение, просто наслаждение в «форме» тунца существует во мне.

Спросите любого тунца, наслаждается ли он своей плотью. Сомневаюсь, что он ответит утвердительно. Я мог бы неделикатно поинтересоваться у рыбы: «Почему же ты не получаешь удовольствия? Ведь, когда я откусываю кусочек тебя, это так вкусно… А тебя окружают тонны тунца! На твоем месте я был бы на седьмом небе от счастья».

Конечно же, все мы знаем, что в реальности такой диалог невозможен, и не только потому, что тунцы не говорят по-человечьи. Мы инстинктивно чувствуем, что рыба не может наслаждаться своей собственной плотью, в то время как людям ее вкус может доставлять большое удовольствие.

Откуда же возникает наслаждение вкусом тунца? Потому что у нас есть желание. Причина, по которой сами рыбы не способны насладиться собственной плотью, заключается в том, что у них этого желания нет. Конкретное желание получить наслаждение от определенного объекта называется «кли» – «сосуд», или «инструмент», а полученное в «сосуд» наслаждение называется «ор» – «свет». Концепция «кли» и «ор» – самое важное положение каббалистической мудрости. Когда вы сможете построить «кли» – сосуд для Творца, тогда и получите Его свет.

УПРАВЛЕНИЕ ЖЕЛАНИЯМИ

Теперь, когда нам известно, что желания дают жизнь прогрессу, давайте рассмотрим, как мы управляли ими на протяжении всей истории человечества. В большинстве случаев мы поступали с желаниями двумя способами:
1. превращая в привычку, «воспитывая» или приспосабливая их к повседневной жизни;
2. ограничивая или подавляя их.

Большинство религий использовало первый способ, обещая воздаяние за каждое деяние. Поощряя нас совершать благие поступки, наставники и окружающие подкрепляли наши «добрые дела» позитивной реакцией. Становясь старше, мы перестаем получать «награды», но в сознании откладывается, что «добрые дела» вознаграждаются.

Величайшее из всех желаний

Стоит нам к чему-нибудь привыкнуть, как это становится нашей второй натурой. Поступая естественно, мы получаем от этого удовлетворение.

Второй способ управлять желаниями, ограничивая их – в основном используется в восточных учениях. Этот подход руководствуется простым правилом: лучше не хотеть ничего, чем желать и не получать.

Многие годы казалось, что можно обойтись только этими двумя методиками. Хотя мы никогда и не получали того, чего хотели (согласно правилу: получив желаемое, перестаешь его желать), погоня за наслаждениями сама по себе доставляла удовольствие. Стоило нам в очередной раз чего-то захотеть, и мы верили, что уж теперь-то наши желания непременно исполнятся. Надежда не покидала нас до тех пор, пока не иссякали мечты, а там, где остается надежда – есть и жизнь, даже если мечты не сбываются.

Однако желания росли. Все меньше удовлетворения приносили несбыточные мечты – пустые «кли», лишенные ожидаемого наполнения. Тогда оба привычных способа – воспитание и сокращение желаний – столкнулись с серьезным испытанием. Когда нет возможности умерить свои желания, нам не остается ничего другого, как только найти способ их удовлетворить. В этой ситуации мы либо отказываемся от прежнего способа действия, либо как-то сочетаем его с новым направлением поиска.

ПОЯВЛЕНИЕ НОВОГО ЖЕЛАНИЯ

Мы упоминали о четырех стадиях желания получать:

а) физиологическая потребность в пище, продолжении рода и семье;

б) жажда богатства;

в) стремление к власти и признанию (иногда подразделяется на две различные группы);

д) жажда знаний.

Эти четыре уровня делятся на две группы: животные желания (первый уровень), общие для всех живых существ и человеческие желания (второй, третий и четвертый уровни), которые присущи только людям. Последняя группа желаний и привела нас туда, где мы находимся в настоящий момент.

Однако сегодня в эволюционной цепи желаний, направленных на получение, в человеке про-

Величайшее из всех желаний

буждается новое – пятое желание. Как упоминалось в предыдущей части, книга «Зоар» сообщает о его появлении в конце XX столетия.

Это новое желание – не просто еще одно в их ряду, оно представляет собой кульминацию всех предшествующих уровней желаний. Это желание не только самое сильное, оно отмечено уникальными чертами, отличающими его от всех других желаний.

Желания первых четырех уровней каббалисты условно называют «сердцем». Пятый же уровень потребностей – принципиально иной. Он предполагает наслаждения исключительно духовного свойства, а не материального. Это желание знаменует собой начало духовного роста, которое предназначено судьбой каждому человеку. По этой причине каббалисты нарекли его «точка в сердце».

Раскрытие каббалы

МЕТОД РЕАЛИЗАЦИИ НОВОГО ЖЕЛАНИЯ

Когда возникает «точка в сердце», человек постепенно переходит от жажды земных удовольствий (секс, деньги, власть и знания) к поискам духовных наслаждений. Поскольку этот вид наслаждений – новый, то необходим и новый способ его достижения. Метод удовлетворения нового желания называется наукой каббала – наукой, как получать.

Для понимания этого нового метода необходимо разобраться, в чем заключается различие между каббалой, цель которой – удовлетворить стремление к духовности, и методиками, применяемыми для удовлетворения всех других желаний. «Обычными» желаниями мы, как правило, называем те, которые легко поддаются определению. Испытывая голод, я ищу пищу, желая уважения – делаю то, что, по моему разумению, заставит людей относиться ко мне почтительно.

Однако, не зная в точности, что такое духовность, как мне узнать, что следует делать для ее обретения? Ведь вначале мы не осознаем, что, в действительности, желаем найти Творца; не понимаем мы и того, что для самого поиска нам понадобится новый метод. Это желание настолько непривычно, что непонятно нам самим. Именно поэтому метод его раскрытия и удовлетворения назван «тайной наукой». Пока мы хотели пищи, общественного положения, максимум – знания, мы не испытывали нужды в скрытой мудрости. Нам негде было ее применить, и потому она оставалась таковой. Однако сам факт сокрытия не означает ненадобности. Напротив, на протяжении пяти тысяч лет каббалисты совершенствовали и шлифовали свою науку в ожидании того времени, когда она понадобится людям, и писали все более и более доступные книги, чтобы сделать восприятие каббалы проще и понятнее. Они знали, что в будущем в ней будет нуждаться весь мир, и по их предположениям ожидать этого следовало с проявлением пятого уровня желаний. Сейчас мы уже достигли его и потому испытываем потребность в каббале.

Говоря словами этой науки, для получения наслаждения, необходимо иметь соответствующее ему «кли» – четко определенное желание для

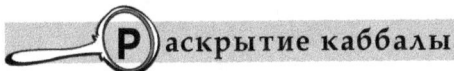

получения конкретного наслаждения. Появление «*кли*» побуждает наш мозг изыскивать способ наполнения его светом («*ор*»). Теперь, когда у многих из нас «заговорила» «точка в сердце», мудрость каббалы становится средством реализации нашего стремления к духовности.

Величайшее из всех желаний

ИСПРАВЛЕНИЕ ЭГОИСТИЧЕСКОГО ЖЕЛАНИЯ

Мы уже говорили о том, что эгоистическое желание можно назвать «ловушкой»: стоит получить желаемое, как я, практически мгновенно, перестаю его желать, а, не желая, не могу и наслаждаться им.

Стремление к духовности содержит в себе уникальный механизм, изначально в него заложенный и позволяющий избежать западни. Механизм этот называется *«тикун»* – исправление. Прежде чем желание пятого уровня может быть использовано правильно и доставит наслаждение, оно должно быть «отмечено» исправлением.

Понимание принципа *«тикун»* поможет избавиться от множества заблуждений, касающихся каббалы. Жажда обладания была той движущей силой, что стояла за любыми прогрессивными сдвигами и переменами в истории человечества. Однако жажда обладания всегда подразумевала получение наслаждения для удовлетворения личных желаний. Желание получать наслаждение не несет в себе ничего плохого. Однако *намерение* наслаждаться ради собственного удовольствия противопоставляет нас природе, Творцу. Следовательно, желая получать *для себя*, мы отделяемся от Творца. В этом и заключается наш изъян — причина всех наших несчастий и неудовлетворенности.

Тикун происходит не тогда, когда мы перестаем получать, а когда изменяем мотив получения, свое *намерение*. Получение для себя и называется эгоизмом. Когда же мы получаем ради единения с Творцом, это называется альтруизмом — слиянием с природой.

Например, доставит ли вам наслаждение однообразная еда на протяжении многих месяцев? Скорее всего, нет. Однако именно этого мы требуем от детей, не оставляя им выбора. Они соглашаются только по той причине, что не знают ничего другого. Одно можно сказать наверняка, принимая пищу, младенец получает лишь удовольствие от наполненного желудка.

Теперь представьте себе его мать. Вообразите, как сияет ее лицо, когда она кормит своего ребенка. Она счастлива оттого, что просто наблюдает, с каким удовольствием ест младенец. Он может (самое большее) почувствовать удовлетворение, мать же полна ликования.

Что же происходит? Как мать, так и младенец наслаждаются желанием ребенка получить пищу.

Однако в то время как ребенок сосредоточен на собственном желудке, наслаждение матери безгранично, поскольку она счастлива тем, что может дать что-то своему ребенку. Она сосредоточена на нем, а не на себе.

То же самое можно сказать о природе. Если бы мы знали ее желание и выполнили его, то почувствовали бы наслаждение отдачи. Более того, мы ощутили бы это не на инстинктивном уровне, как мать по отношению к своему ребенку, а на духовном уровне нашей взаимосвязи с природой.

На иврите – исконном языке каббалы – намерение называется «*кавана*». Таким образом, для того, что бы произвести «*тикун*», нам необходимо снабдить свои желания правильной «*каваной*». Вознаграждением за «*тикун*» и наличие «*каваны*» станет исполнение последнего, величайшего из желаний – стремления к духовности, к Творцу. Когда это желание исполняется, человек постигает систему, управляющую реальностью, принимает участие в ее создании и, в конечном итоге, получает ключи, занимая водительское место. Такая личность больше не переживает состояние жизни и смерти, подобно нам, а легко и радостно парит в вечности, в бесконечном потоке блаженства и единения, в слиянии с Творцом.

ВЫВОДЫ

Существует пять уровней желаний, подразделяющихся на три группы. К первой группе относятся животные желания (пища, воспроизводство и семья), ко второй – человеческие желания (деньги, почести, знания), к третьей – духовное желание («точка в сердце»).

До тех пор, пока были активны первые две группы, мы довольствовались воспитанием своих желаний тем или иным способом или подавляли их. С появлением «точки в сердце» первые два пути становятся неэффективными и появляется необходимость в поисках новых. Именно в это время каббала, скрываемая на протяжении тысяч лет в ожидании момента, когда в ней возникнет необходимость, снова заявляет о себе.

Величайшее из всех желаний

Каббалистическая мудрость является средством для нашего исправления («*тикун*»). Воспользовавшись ею, мы может изменить свое намерение («*кавана*») с желания потворствовать своим прихотям, или эгоизма, на желание принести радость всему сущему – природе, Творцу, которое определяется как альтруизм.

Глобальный кризис, который мы переживаем сегодня, в действительности, является кризисом желаний. Если мы используем мудрость каббалы для удовлетворения последнего, величайшего из всех желаний – стремления к духовности, все проблемы автоматически разрешатся, поскольку их корень лежит в духовной неудовлетворенности, которую испытывают многие люди.

Часть 3

Истоки творения

Теперь, когда мы установили, что на сегодняшний день назрела реальная необходимость в изучении каббалы, пришло время узнать некоторые основы этой мудрости. Не смотря на то, что формат данной книги не позволяет детально исследовать высшие миры, к концу этой части вы сможете овладеть достаточно прочными базовыми знаниями, для того чтобы при желании продолжить углубленное изучение каббалы.

Следует сказать несколько слов о чертежах: каббалистические книги содержат в себе, и так было всегда, большое количество чертежей. Эти схемы помогают описывать духовные состояния, или структуры. Еще на заре времен каббалисты использовали их как средства для объяснения своих переживаний на пути духовного постижения. Тем не менее, очень важно помнить, что чертежи не являются изображениями материальных объектов. Это всего лишь схемы, используемые для объяснения духовных состояний, связанных с самыми сокровенными отношениями человека с Творцом, с природой.

ДУХОВНЫЕ МИРЫ

Творение – это желание получать наслаждения, развитие которого прошло четыре стадии. Именно последняя из них и является «творением» (рис.1). Такая матричная структура эволюции желания представляет собой основу всего сущего.

На рис.1 изображен акт творения. Если мы рассмотрим его как процесс, это поможет нам запомнить, что чертежи отображают эмоциональные, духовные состояния, а не какие-либо места или объекты.

Прежде чем приступить к созданию, следует все обдумать и спланировать. В данном случае мы говорим о творении и побудительной причине его появления. Мы называем ее «Замысел Творения».

Истоки творения

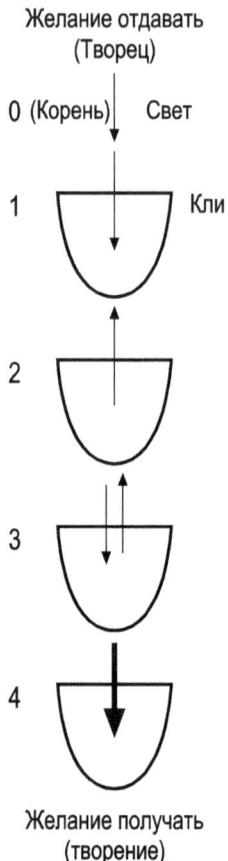

Рис. 1 **Пять стадий развития желания получать.**
Стрелки, направленные вниз, обозначают входящий свет Творца; стрелки, направленные вверх, обозначают желание творения насладить Творца.

Раскрытие каббалы

В первой части мы упоминали, что в древние времена страх перед природой вынуждал людей искать ее движущие силы для себя и для всего человечества. В результате наблюдений они обнаружили, что природа запланировала для нас получение наслаждений. Однако речь не идет о любых наслаждениях, которые мы только можем ощутить в мире. Природа (собственно то, что мы вкладываем в понятие Творец) хочет, чтобы мы получали совершенно особый вид наслаждения – наслаждение от подобия ей, то есть, Творцу.

Поэтому, если вы посмотрите на рис. 1, то увидите, что Замысел Творения по сути своей является желанием доставить наслаждение (называемое «свет») всем творениям. Это же является и истоком всего творения, нашим общим началом.

Каббалисты используют термин «кли» (сосуд, вместилище) для описания желания получать наслаждение – свет. Таким образом, можно понять, почему они назвали каббалу наукой получения.

У них также имелась весомая причина называть наслаждение светом. Ощутив Творца, «кли» (творение, личность) постигает великую мудрость, подобную озарению, словно видит свет. Когда это происходит, становится очевидным, что проявившаяся мудрость всегда была здесь, только в скрытом состоянии. Так ночная тьма сменяется светом дня и невидимое становится видимым. Поскольку свет приносит знание, каббалисты называют его светом мудрости, а метод его получения «мудростью каббалы».

Истоки творения

ЧЕТЫРЕ ОСНОВНЫХ СТАДИИ

Давайте вернемся к нашей истории. Для того, чтобы реализовать на практике Свою идею – дарить наслаждение, Творец замыслил такое творение, которое хочет получать совершенно определенное наслаждение – быть подобным Ему. Если у вас есть дети, вам знакомы родительские чувства. Может ли быть что-либо более приятное для отца, чем слова: «Ваш сын – вылитый вы»?

Как только что было сказано, Замысел Творца – дарить наслаждение творению – является истоком жизни. По этой причине Замысел Творения и называется «начальной стадией», или «нулевой стадией», а желание получать наслаждение – «первой стадией».

Каббалисты также называют Творца «желание отдавать», а творение – «желание получать наслаждение» или просто «желание получать». Далее мы продолжим разговор о нашем восприятии Творца, а в данный момент очень важно понять, что каббалисты всегда сообщают нам о том, что они воспринимают. Они не утверждают, что Творец обладает желанием отдавать, но говорят, что согласно их представлениям, Он имеет желание отдавать, и потому они называют Творца «желание отдавать».

Поскольку наряду с этим они обнаружили в себе желание получать наслаждения, посылаемые Творцом, то они называли себя «желанием получать».

Таким образом, жажда наслаждений и является сутью творения. Когда творение – желание получать – ощущает, что наслаждение приходит от дающего, оно осознает, что истинное наслаждение состоит в отдаче, а не в получении. В результате, желание получать начинает превращаться в желание отдавать (посмотрите на стрелку, напра-

Заметьте, что нулевая стадия изображена стрелкой, направленной вниз. Где бы вы ни увидели стрелку, указывающую вниз, она обозначает свет, исходящий от Творца к творению. Однако никогда не бывает обратного порядка: если стрелка направлена вверх, это вовсе не означает, что творение отдает свет Творцу, а подразумевает желание творения вернуть Ему дарованный свет. Что же происходит, когда две стрелки указывают противоположные направления? Читайте дальше и вскоре узнаете это.

вленную вверх, исходящую из второго «кли» – чаши, изображенной на рисунке). Это совершенно новая стадия – вторая.

Давайте исследуем, что отличает эту стадию. Если мы посмотрим на само «кли», то увидим, что оно не меняется от стадии к стадии. Это означает, что желание получать так же активно, как и раньше. Ведь поскольку это желание создано Замыслом Творения, оно вечно и постоянно.

Однако второй стадии соответствует желание получать наслаждение от отдачи, а не от получения – и это изменение принципиально. Разница заключается в том, что вторая стадия предполагает наличие другого существа, которому можно отдавать. Иными словами, имеются ввиду позитивные взаимоотношения с кем-либо или чем-либо, помимо самого дающего.

Вторая стадия, побуждающая отдавать, невзирая на изначальное желание получать, – это именно то, что делает жизнь возможной. Без нее родители не стали бы заботиться о детях, а общественная жизнь была бы немыслима. Например, если я владелец ресторана, то хочу зарабатывать деньги, но, в итоге, кормлю незнакомых людей, в которых принципиально не заинтересован. То же самое справедливо для банкиров, таксистов и любых других предпринимателей.

Итак, мы можем понять, почему закон природы – это альтруизм и отдача, а не получение, даже если желание получать заложено в основу поступка любого творения, что характерно для первой стадии. С того самого мгновения, как творение испытает оба желания – и отдачи, и получения, –

все, что начнет с ним происходить, будет обусловлено «взаимоотношениями» между этими двумя стадиями.

Как было только что показано, желание отдавать второй стадии заставляет нас общаться, искать тех, кто нуждается в получении. Таким образом, начинается исследование, что можно дать Творцу. Ведь, в конце концов, кому еще можно отдавать?

Однако когда творение на второй стадии в самом деле пытается отдавать, оно обнаруживает, что отдача – это единственное желание Творца. У Него нет ни малейшего желания получать. Да и что творение способно дать Творцу?

Более того, творение на второй стадии обнаруживает, что по своей сути его истинное желание первой стадии направлено на получение. Оно начинает понимать, что основа его существования – это желание получать наслаждения и радость, в котором нет ни малейшего стремления к истинной отдаче. Однако и в этом заключается решение вопроса, поскольку Творец желает лишь отдавать, творение может подарить Ему только свое желание получать.

Возможно, вас смущает подобная ситуация, но вспомните о том удовольствии, которое испытывает мать, кормящая младенца, и вы поймете, что он доставляет удовольствие матери просто тем, что хочет есть.

Итак, третья стадия желания получать характеризуется сознательным выбором получения, а, следовательно, возвращения полученного в Начальной Стадии Творцу. Теперь мы завершаем

Истоки творения

Один из наиболее употребительных каббалистических терминов – «сфирот». Это слово пришло из иврита и связано со словом «сапир» (светящийся). Каждая сфира (единственное число от «сфирот») обладает своим уникальным светом. Кроме того, каждая из пяти стадий носит название одной или нескольких сфирот. Нулевая стадия называется Кетэр, первая – Хохма, вторая – Бина, третья – Зеир Аппин и четвертая – Малхут.

Всего в действительности сфирот – десять, поскольку Зеир Аппин состоит из шести сфирот: Хесед, Гвура, Тиферет, Нэцах, Ход и Йесод. Таким образом, полный перечень сфирот таков: Кетэр, Хохма, Бина, Хесед, Гвура, Тиферет, Нэцах, Ход, Йесод и Малхут.

полный круг, и оба участника игры становятся дающими: Нулевая Стадия – Творец – дает Своему творению, которое является первой стадией, а творение, пройдя первую, вторую и третью стадии, принимая, возвращает полученное Творцу.

На рисунке 1 направленная вниз стрелка третьей стадии указывает на то, что ее действие – получение, как и в случае первой стадии, а направленная вверх стрелка указывает на то, что ее намерение при этом – отдача, как и в случае второй стадии. Хотелось бы еще раз отметить, что желание получать остается неизменным как в первой, так и во второй стадии.

Как мы видели ранее, причина всех проблем, с которыми мы сталкиваемся в мире, заключается в эгоистических намерениях. Здесь, у истоков творения намерение также гораздо важнее, чем само действие. Йегуда Ашлаг даже утверждает, что, метафорически говоря, третья стадия характеризуется десятью процентами получения и девяноста процентами отдачи.

Итак, похоже, у нас есть совершенный цикл, в котором Творцу удалось добиться успеха – сделать творение тождественным Себе, дающим. Более того, творение наслаждается отдачей, тем самым, доставляя наслаждение Творцу. Однако завершается ли на этом Замысел Творения?

Не совсем. Акт получения (первая стадия) и понимание того, что единственное желание Творца – это отдача (вторая стадия), побуждают в творении стремление достичь Его состояния (третья стадия). Если творение и становится дающим, это вовсе не означает, что оно достигло состояния Творца, таким образом, завершив Замысел Творения; тогда все закончилось бы третьей стадией.

Достичь статуса Творца означает для творения не только стать дающим, но и иметь тот же замысел, что и Дающий, – Замысел Творения. Находясь в этом состоянии, оно поймет, с какой целью был осуществлен цикл Творец-творение, а также, зачем Творец создал творение.

Совершенно ясно, что желание понять Замысел Творения является абсолютно новой стадией существования. Единственное сравнение, которое можно провести, это ребенок, стремящийся стать и таким же сильным и мудрым, как его родители. Мы инстинктивно догадываемся, что это возможно лишь тогда, когда ребенок встанет на место родителей. Именно поэтому они так часто говорят своим отпрыскам: «Подожди, пока у тебя не появятся собственные дети – тогда ты все поймешь».

В каббале понимание Замысла Творения – самый глубокий уровень познания – называется «постижение». Именно к этому и стремится желание получать на последней стадии – четвертой.

Стремление постичь Замысел Творения – самая мощная сила, присущая творению. Она приводит в движение весь эволюционный процесс. Отдаем мы себе в этом отчет или нет, заветное знание, к которому стремится все человечество, – понять, почему Творец делает то, что делает. Этот же самый стимул тысячи лет назад побуждал каббалистов открывать тайны творения. До тех пор, пока мы не поймем это – не будет нам покоя.

ПОИСКИ ЗАМЫСЛА ТВОРЕНИЯ

Несмотря на то, что Творец хочет, чтобы мы получали наслаждение от подобия Ему, на первых порах Он не вселяет в нас этого желания. Все, что Он дал нам – творению, общей душе *Адам Ришон*, – это максимальная жажда наслаждений. Однако, как мы видим из последовательной смены стадий, желание уподобиться Творцу все же постепенно развивалось в творении.

На третьей стадии творение уже получило все и проявило намерение отдать что-то Творцу. На этом цикл мог бы завершиться, поскольку творение уже начинает делать то же самое, что делает Творец – отдавать. В этом смысле они уже достигли подобия.

Однако творение не предназначено для отдачи. Оно желало понять, что делает отдачу радостной, что дает энергию, необходимую для создания реальности и какую мудрость обретает в отдаче дающий. Короче говоря, творение хотело понять Замысел Творения. Это-то желание и было новым, Творец не «внедрял» его в творении изначально.

На этом этапе поиска Замысла творение отделяется, обособляется от Творца. Можно представить себе это таким образом: если мне хочется уподобиться кому-либо, это, безусловно, означает, что я осознаю, что он существует помимо меня, обладает тем, что хочется мне, и является таким, каким мне хотелось бы стать.

Иными словами, я осознаю не только существование Кого-то помимо меня, но и Его отличие от меня. Даже не просто отличие, а превосходство надо мной. Иначе, зачем бы я хотел Ему уподобиться?

Таким образом, Малхут, четвертая стадия, значительно отличается от первых трех стадий, поскольку стремится получить совершенно особый вид наслаждений (потому на рисунке изображена более толстая стрелка) – отождествиться с Творцом. С точки зрения Творца, желание Малхут завершает Замысел Творения – тот цикл, который Он задумал изначально (рис. 2).

К сожалению, мы ничего не рассматриваем с позиции Творца. Когда мы смотрим отсюда, снизу, да еще через сломанные духовные очки, картина, которую мы видим, далека от идеала. Ведь *кли*

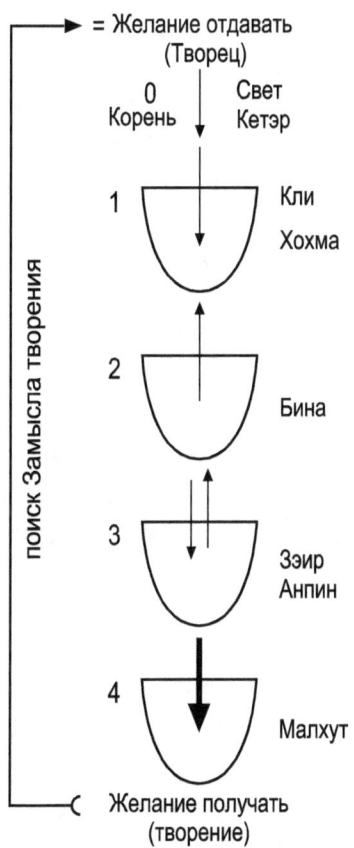

Рис. 2
Стрелка от Малхут до Творца обозначает желание Малхут уподобиться Творцу.

(личность), абсолютно противоположное свету, способно уподобиться этому свету, только в том случае, если будет использовать желание получать с *намерением* отдавать. Поступая таким образом, *кли* переносит фокус внимания с собственного наслаждения на радость, получаемую Творцом от отдачи. Тогда *кли* также становится дающим.

В сущности, получение ради отдачи Творцу уже проявлялось на третьей стадии. Следовательно, что касается действий Творца, на этой стадии работа по уподоблению творения Ему, уже завершена. Творец дает ради отдачи, а творение на третьей стадии получает ради отдачи – следовательно, они едины по отношению к цели.

Однако величайшее наслаждение заключается не в том, чтобы знать, что делает Творец, и копировать Его действия, а в том, чтобы понять, *почему* Он это делает, и иметь такие же *мысли*, как у Него. Этот высочайший аспект Бытия – намерение отдавать Творцу – не был изначально заложен в создании; это то, что должно самостоятельно достичь творение (четвертая стадия).

С одной стороны, кажется, что мы с Творцом находимся на противоположных позициях, поскольку Он – дающий, а мы – получающие. По сути же, величайшее наслаждение для Творца – чтобы мы уподобились Ему, а наивысшее наслаждение для нас – стать подобными Творцу. Точно так же каждый ребенок хочет походить на родителей, а каждый родитель, разумеется, мечтает,

Раскрытие каббалы

чтобы его дети достигли того же, чего достиг и он, и даже превзошли его.

Оказывается, что мы с Творцом преследуем, по существу, одну и ту же цель. Осознай мы эту идею, наша жизнь могла бы кардинально перемениться. Вместо того чтобы впадать в смятение и страдать от потери ориентиров, а это испытывают сегодня многие из нас, и мы, и Творец могли бы вместе направляться к цели Творения, назначенной нам еще в начале времен.

Чтобы уподобиться Творцу, Дающему, *кли* делает две вещи. Первое: оно перестает получать – то есть, совершает действие, называемое «*цимцум*» (сокращение). При этом *кли* полностью блокирует свет, не позволяя ему проникать внутрь. Пользуясь житейским примером, можно сказать, что легче вообще отказаться от вкусной, но вредной, пищи, чем съедать немножко и оставлять большую часть

> *Для описания желания отдавать каббалисты пользуются многими терминами: Творец, Свет, Дающий, Замысел Творения, Нулевая Стадия, Начальная Стадия, Кетэр, Бина и другие. Подобно этому, для описания желания получать они также используют различные определения: творение, кли, берущие, первая стадия, Хохма и Малхут – лишь некоторые из них. Эти термины описывают отдельные аспекты двух качеств – отдачи и получения. Если мы запомним это, то множество терминов не будет смущать нас.*

Истоки творения

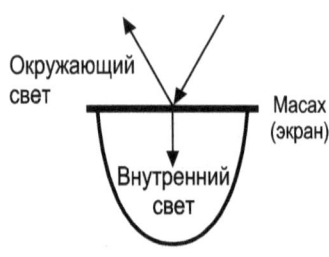

Рис. 3

Масах - *это линия, отделяющая свет, который творение может получить с намерением доставить наслаждение Творцу (внутренний свет), и свет, который оно не может получить с этим намерением (окружающий свет).*

на тарелке. Таким образом, *цимцум* – это первый и простейший шаг на пути уподобления Творцу.

Второе действие, которое совершает *Малхут*, – создание механизма, обеспечивающего исследование света (наслаждения) и определяющего, стоит ли его получать, а если да, то в каком объеме. Этот механизм называется «*масах*» (экран). Фактор, определяющий для *масаха* количество получаемого света, называется «цель отдачи» (рис. 3). Проще говоря, *кли* вбирает в себя только то, что способно принять с намерением доставить наслаждение Творцу. Свет, принятый *кли*, называется «внутренним светом», а свет, оставшийся снаружи, – «окружающим светом».

Завершая процесс исправления, *кли* примет весь свет Творца и сольется с Ним. В этом и заключается цель Творения. Достигнув данного состояния, мы ощутим его, как все вместе, подобно единому организму, так и каждый в отдельности, поскольку, по правде говоря, совершенное конечное *кли* состоит из желаний не одного человека, а всего человечества. Следовательно, закончив последнее исправление, мы отождествимся с Творцом, четвертая стадия будет реализована, и Творение станет совершенным и с нашей точки зрения, и с Его.

Истоки творения

МАРШРУТ

Для того чтобы выполнить задачу по отождествлению с Творцом, первое, что необходимо приобрести творению, – это правильное окружение, которое позволит ему развиваться и становиться подобным Творцу. Это окружение называется «*миры*».

На четвертой стадии творение разделилось на две части: верхнюю и нижнюю. Верхняя часть формирует миры, а нижняя – творение, которое полностью принадлежит этим мирам. Можно сказать примерно так: миры состоят из желаний, в которые *масах* пропускает свет, а творение – из желаний, в которые *масах* не позволяет ему проникнуть.

Выше в этой части говорилось, что четырехфазная модель – это основа жизни всего сущего.

Раскрытие каббалы

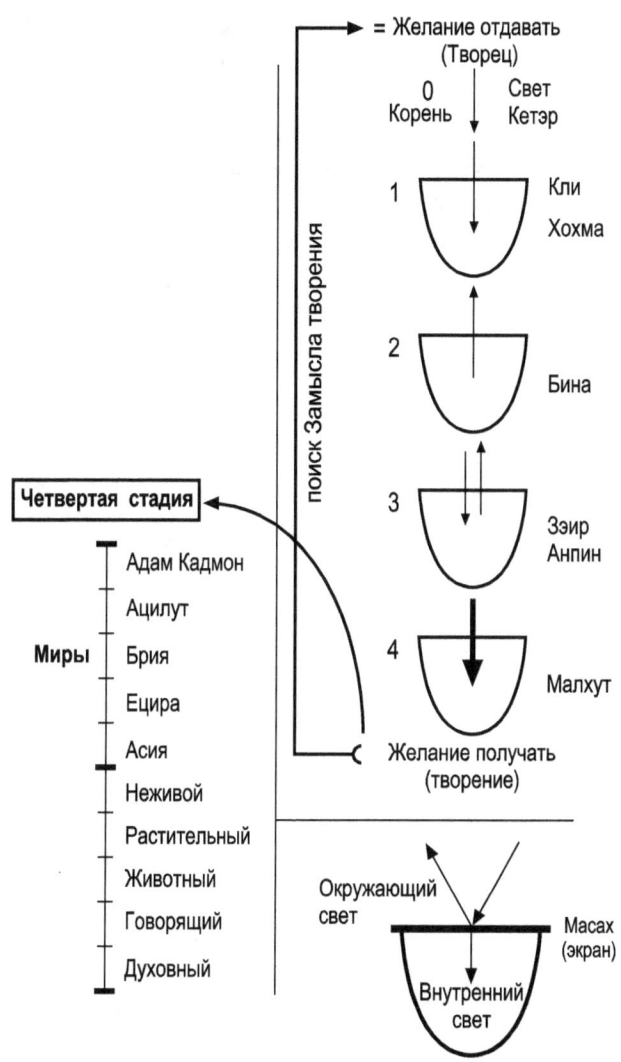

Рис. 4
На левой стороне рисунка изображена внутренняя структура Малхут, показывающая, что она является источником всех духовных миров, а также материального мира.

Таким образом, миры эволюционируют по тому же самому принципу, который действовал при формировании этих четырех стадий. В левой части рисунка 4 перечислены составляющие четвертой стадии, разделенные на верхнюю и нижнюю части, к первой из которых относятся миры, к последней – творение.

ВЕРХ И НИЗ

Нам уже известно, что Творение состоит единственно из желания получать наслаждения и радость. Следовательно, верх и низ имеют отношение не к какому-то пространству, а к желаниям, которые мы относим либо к возвышенным, либо к низменным. Иными словами, возвышенные желания мы ценим больше, чем те, что считаем низменными. В случае четвертой стадии, всякое желание, которое можно использовать для отдачи Творцу, относится к верхней части, и всякое желание, которое не может быть использовано с этой целью, относится к нижней части.

Поскольку существует пять уровней желаний – неживой, растительный, животный, говорящий и духовный, – каждый из них следует проанализировать. Осуществимые желания образуют миры, а (пока еще) неосуществимые – творение.

В связи с этим давайте более подробно поговорим о четвертой стадии и ее работе с *масахом*. Ведь, в конце концов, четвертая стадия – это мы, и потому, поняв, как она работает, сможем кое-что узнать о себе.

Четвертая стадия – *Малхут* – не возникла из ниоткуда. Она является результатом развития третьей стадии, которая в свою очередь, является результатом развития второй стадии и т.д. Подобно этому, Авраам Линкольн в качестве президента США не возник из небытия. Из младенца Эйба он превратился в маленького мальчика, затем, в юношу, затем, в зрелого мужчину, ставшего, в конечном итоге, президентом страны. Эти промежуточные стадии его роста никуда не исчезли. Не будь их, президент Линкольн никогда не стал бы президентом Линкольном. Причина, по которой мы не можем увидеть их, состоит в том, что наивысший уровень развития всегда поглощает и перекрывает низшие уровни, но этот последний, наивысший уровень не только ощущает их существование в себе, но и взаимодействует с ними.

Именно поэтому мы все порой чувствуем себя детьми, особенно когда задеты наши слабые струны, которые не защищены слоями «взросления». В этом случае мы чувствуем себя беззащитными, словно дети.

Такая многослойная структура позволяет нам впоследствии стать родителями. В процессе воспитания детей мы соотносим ту стадию, на которой находимся, с предшествующими ей стадиями: нам понятны ситуации, в которых оказываются наши питомцы, поскольку мы переживали нечто подобное. Мы применяем в этих случаях опыт и знания, накопленные нами за многие годы.

Причина такого устройства человека состоит в том, что *Малхут* (мы будем называть эту стадию по ее общеизвестному названию) устроена аналогичным образом. Все предшествующие *Малхут* стадии существуют в ней и способствуют поддержанию ее структуры.

Чтобы стать как можно более похожей на Творца, *Малхут* анализирует каждый из скрытых в ней

Из всего, что мы уже узнали, до сих пор непонятно, какой из пяти миров является нашим миром. На самом деле, ни один. Не следует забывать о том, что в духовном измерении нет «мест», а есть лишь состояния. Чем выше мир, тем более альтруистическое состояние он представляет. Наш мир нигде не упоминается по той причине, что духовные миры альтруистичны, а наш, как и мы сами, эгоистичен. Поскольку эгоизм противоположен альтруизму, наш мир отделен от системы духовных миров. Именно поэтому каббалисты не упоминают о нем в описываемой ими структуре.

Более того, миры, фактически, не существуют, если мы сами не создаем их, уподобляясь Творцу. Рассказывается же о них в прошедшем времени лишь потому, что каббалисты, поднявшиеся из нашего мира к мирам духовным, поведали нам о своих находках на пути восхождения. Если и мы хотим найти свои духовные миры, нам придется воссоздать их в себе, став альтруистами.

уровней желаний и разделяет их на осуществимые и неосуществимые в пределах каждого из них. Однако осуществимые желания будут использоваться не только для получения с последующей отдачей Творцу, но и для оказания Творцу помощи в исполнении стоящей перед Ним задачи – уподобить *Малхут* Себе.

Несколькими страницами выше мы сказали, что для выполнения задачи уподобления Творцу творение должно создать правильное окружение, которое позволит ему развиваться и достигать такого подобия. Именно этим и занимаются *миры* – осуществимые желания. Они «показывают» неосуществимым желаниям, как следует получать ради отдачи Творцу, и таким образом помогают им исправиться.

Можно изобразить взаимоотношения между мирами и творением как группу строителей, один из которых не знает, что делать. Миры обучают творение, демонстрируя способ выполнения каждой операции: как сверлить, как пользоваться молотком, нивелиром и т.д. В духовном же отношении миры демонстрируют творению, что дал им Творец, и как они используют это правильным способом. Мало-помалу творение может начать использовать свои желания точно так же, вот, почему желания в нашем мире выявляются постепенно, начиная с самых умеренных и кончая самыми настойчивыми.

Желания подразделяются следующим образом: мир *Адам Кадмон* является осуществимой частью неживого уровня, а неживой уровень в нижней части, творении, является неосуществимой частью. По сути, на неживом уровне нечего исправлять, поскольку он неподвижен и не использует свои желания. Неживой уровень (обоих частей) представляет собой лишь корень всего, что следует после него.

Следующий мир *Ацилут* является осуществимой частью растительного уровня, а растительный уровень в нижней части, творении, является неосуществимой частью. Мир *Брия* является осуществимой частью животного уровня, а животный уровень в нижней части, творении, является неосуществимой частью. Мир *Ецира* является осуществимой частью говорящего уровня, а говорящий уровень в нижней части, творении, является неосуществимой частью. Наконец, мир *Асия* является осуществимой частью самого интенсивного духовного уровня желаний, а духовный уровень в нижней части, творении, является неосуществимой частью.

Теперь вам известно, почему, если исправить человечество, все остальное исправится в то же мгновение. Так, давайте же говорить о нас и о том, что с нами случилось.

Истоки творения

АДАМ РИШОН – ОБЩАЯ ДУША

Адам Ришон, общая душа (творение), является исконным корнем всего, что здесь происходит. Это структура желаний, возникших в результате формирования духовных миров. Как было сказано выше, пять миров – Адам Кадмон, Ацилут, Брия, Ецира и Асия – завершили формирование верхней части четвертой стадии. Однако ее нижняя часть все еще нуждается в развитии.

Иными словами, душа состоит из неосуществимых желаний, которые не смогли принять свет, чтобы отдать его Творцу, когда были созданы впервые. Теперь они должны проявиться одно за другим и стать исправленными – достижимыми – с помощью миров, осуществимых желаний.

Таким образом, подобно верхней части четвертой стадии, ее нижняя часть подразделяется на неживой, растительный, животный, говорящий уровни желаний. Развитие Адам Ришон происходит в той же последовательности, что и развитие миров и четырех основных стадий. Однако желания Адама эгоистичны, эгоцентричны и потому не способны, прежде всего, принять свет. В результате мы – частицы адамовой души – утратили ощущение целостности и единства, которое испытывали изначально, когда были созданы.

Нам необходимо понять принцип работы духовной системы. Желание Творца направлено на отдачу, потому Он и создал нас, поддерживает наше существование. Как уже отмечалось, желание получать эгоцентрично по своей природе; оно захватывает себе, в то время как желание отдачи неизменно сосредоточено вовне и учитывает интересы получающего.

Однако, поскольку Творец жаждет отдавать, то, что Им создано, обязательно захочет получать, иначе Его желание не сможет исполниться. Таким образом, Он должен был заложить в нас жажду получения и ничто другое. Очень важно осознать, что у нас нет и не должно быть ничего, кроме желания получать. Следовательно, если мы принимаем дары Творца, круг замыкается. Счастлив Он, счастливы и мы. Правильно?

На самом деле, не совсем. Поскольку все, чего нам хочется, это – получать, то мы не способны установить связь с дающим, потому что в нас отсутствует способность посмотреть вовне, чтобы увидеть, откуда приходит дар. Оказывается, мы должны иметь желание получать, но вместе с тем должны знать дающего, а для этого нам необходимо желание отдавать. Вот почему у нас есть первая и вторая стадии.

Приобретение обоих желаний не предполагает создания нового желания, не заложенного в нас Творцом. Чтобы обрести его, следует сосредоточиться, исключительно, на удовольствии, которое мы доставляем дающему, а не на собственном наслаждении, которое можно испытывать в процессе получения, а можно и не испытывать. Это называется «намерением отдавать». С одной стороны оно является сущностью исправления, а с другой, превращает нас, как человеческих существ, из эгоистов в альтруистов. Когда, в конечном итоге, мы приобретаем это качество, то можем установить связь с Творцом, чему, предположительно, и должны научить нас духовные миры.

Пока не ощутим свою связь с Творцом, мы считаемся осколками души Адам Ришон, неисправленными желаниями. В тот миг, когда у нас появляется намерение отдавать, мы исправляемся и устанавливаем связь, как с Творцом, так и со всем человечеством. Когда же все мы исправимся, то снова поднимемся к своей Начальной Стадии, выше мира Адам Кадмон, к самому Замыслу Творения, называемому Эйн Соф (Без Конца), поскольку наша реализация будет бесконечной и вечной.

ВЫВОДЫ

Замысел Творения – дарить наслаждение и радость, делая творение подобным Сотворившему его. Этот Замысел (свет) создает желание получать наслаждение и радость.

Впоследствии желание получать начинает превращаться в желание отдавать, что больше соответствует Творцу, и, несомненно, предпочтительнее. Тогда оно (желание получать) принимает решение получать, поскольку это способ доставить удовольствие Творцу. Кроме того, оно жаждет познать Замысел собственного создания, так как нет большей радости, чем знать все. Наконец, желание получать (творение) начинает получать с намерением отдавать, ведь отдача делает его подобным Творцу, благодаря чему оно может постичь Его мысли.

Истоки творения

Желания, направленные на получение ради отдачи, формируют миры, которые считаются верхней частью Творения, а желания, которые не могут быть использованы для отдачи, составляют общую душу *Адам Ришон*. Эти желания считаются нижней частью Творения.

Миры и душа имеют сходную структуру, но различную силу желаний. Поэтому миры могут показать душе, что делать, чтобы научиться отдавать, и таким образом способствуют исправлению души Адама.

Можно сказать, что каждое желание исправляется в определенном мире: неживой уровень исправляется в мире *Адам Кадмон*, растительный – в мире *Ацилут*, животный – в мире *Брия*, говорящий – в мире *Ецира*, а стремление к духовности может быть исправлено только в мире *Асия*, нижняя часть которого представлена нашей материальной вселенной. Это утверждение подводит нас к теме следующей части.

Часть 4

Наша Вселенная

Наша Вселенная

В начале предыдущей части мы говорили, что акту творения предшествовал Замысел Творения. Этим Замыслом было обусловлено создание стадий - от первой до четвертой - желания получать, сотворившего миры - от мира Адам Кадмон до мира Асия, создавших, в свою очередь, Адам Ришон, разбившегося на мириады душ, которые мы сегодня имеем.

Очень важно запомнить порядок творения, поскольку это помогает нам усвоить, что всякое развитие происходит сверху вниз, от духовного к материальному, а не наоборот. В практическом смысле это означает, что наш мир создан духовными мирами и находится под их управлением.

Более того, нет ни одного события в нашем мире, которое сначала не произошло бы вверху. Единственное отличие нашего мира от духовных миров состоит в том, что события, происходящие в духовных мирах, отражают альтруистические намерения, а события нашего мира - эгоистические.

Многоступенчатая структура миров позволяет назвать наш мир «миром следствий» духовных процессов и событий. Что бы мы здесь ни делали, это никоим образом не влияет на духовные миры. Следовательно, если мы хотим что-либо изменить в своем мире, то сначала должны подняться в духовные миры, в «пульт управления» нашего мира и произвести воздействие оттуда.

ПИРАМИДА

Как в духовных мирах, так и в нашем мире все развитие проходит пять стадий, от нулевой до четвертой. Наш мир строится подобно пирамиде. В низу, у истоков эволюции этого мира, находится неживой (неодушевленный) уровень, состоящий из триллионов тонн материи (см. рис. 5).

Затерянная в этих триллионах тонн материи находится крохотная искра, носящая имя «планета Земля». Вот, на этой Земле начался растительный период развития желания. Естественно, масса растительности планеты бесконечно меньше, чем масса неживой материи, а тем более количества материи всей вселенной. Животные появились после растений, и масса их невелика, даже по сравнению с растениями. Говорящие существа появились последними, и масса их наименьшая.

Наша Вселенная

Рис. 5
Пирамида действительности является и пирамидой желаний. Она имеет силу как в духовных мирах, так и в нашем материальном мире.

В последнее время из говорящего уровня развился следующий, называемый «духовным уровнем», или «духовностью». (Поскольку здесь мы ведем речь о геологических эпохах, слова «последнее время» предполагают, что «возраст» этих событий исчисляется несколькими тысячелетиями). Мы не способны полностью охватить все Творение, но если рассмотреть его пирамиду (рис. 5) и представить себе каждое пропорциональное соотношение двух соседних уровней, мы начнем понимать, насколько, в действительности, необычным и новым является стремление к духовности. В сущности, если представить себе время существования вселенной (а это примерно 15 миллиардов лет) как один день, состоящий из 24 часов, стремление к духовности появилось 0.0288 секунд назад. В масштабе геологических эпох это и есть «сейчас».

Следовательно, с одной стороны, чем возвышенней желание, тем оно редкостней (и моложе). С другой стороны, существование над человеческим уровнем духовного уровня указывает на то, что наша эволюция еще не завершена. Эволюция остается такой же динамичной, как всегда, но поскольку мы сейчас располагаемся на ее последнем проявленном уровне, то, естественно, считаем его высшим. Можно находиться на верхнем уровне, но не факт, что он окажется завершающим. Мы находимся всего лишь на самом последнем из уже реализованных уровней.

Финальный уровень предполагает, что наши тела останутся прежними, но кардинально изменятся мышление, чувства и образ жизни. Все это уже зреет в нас и называется «духовный уровень».

Не понадобятся никакие физические изменения, никакие новые виды – только внутренние перемены в нашем мировосприятии. Именно поэтому следующая стадия так неуловима; она скрыта внутри нас, записана в наших *решимот* (духовных генах), как данные на жестком диске. Эта информация будет прочитана и проведена в жизнь вне зависимости от того, осознаем мы ее или нет. Однако мы способны прочитать ее и провести в жизнь гораздо быстрее и приятнее, если применим правильное программное обеспечение – мудрость каббалы.

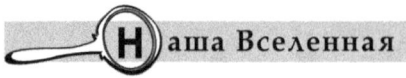

КАК ВВЕРХУ, ТАК И ВНИЗУ

Если провести параллель между фазами земного развития и четырьмя стадиями распространения прямого света, то эпоха минералов соответствует начальной стадии (нулевой стадии), эпоха растений – первой стадии, эпоха животных – второй стадии, эпоха говорящих существ – третьей стадии, а эпоха духовности – четвертой стадии.

Огненная юность Земли длилась несколько миллиардов лет. Когда планета остыла, на ней появилась растительность, ставшая господствующей формой жизни на многие миллионы лет. В точности так же как растительный уровень духовной пирамиды гораздо тоньше неживого уровня, и физический растительный период был короче периода неодушевленной жизни Земли.

Раскрытие каббалы

По завершении растительной стадии наступил период развития животного уровня. Как и в случае первых двух, эра животных была гораздо короче растительной пропорционально соотношению растительного и животного уровней духовной пирамиды.

Человеческая стадия, соответствующая говорящему уровню духовной пирамиды, продолжается последние сорок тысяч лет или около того. Когда люди закончат свое развитие в четвертой (последней) стадии, эволюция завершится, и род человеческий воссоединится с Творцом.

Четвертая стадия началась каких-нибудь пять тысяч лет назад, когда у человека «заговорила» *точка в сердце*. Как и в духовном мире, человек, который впервые ощутил эту точку, носил имя Адам. Это был *Адам Ришон* (Первый человек). Имя Адам происходит из выражения, которое звучит на иврите как «*Эдамэ ла Эльон*» («Я буду как Высший») и отражает желание Адама уподобиться Творцу.

В наши дни, в начале XXI столетия, эволюция завершает развитие четвертой стадии – желания уподобиться Творцу. Именно поэтому все больше и больше людей ищут сегодня духовные ответы на свои вопросы.

ВВЕРХ ПО ЛЕСТНИЦЕ

Каббалисты говорят о духовной эволюции, как о восхождении по духовной лестнице. Потому каббалист Йегуда Ашлаг и назвал свой комментарий на книгу «Зоар» «Перуш а-Сулам» («Комментарий к лестнице постижений»), за что и удостоился имени Бааль Сулам («Обладатель Лестницы»). Однако, вернувшись на несколько страниц, мы обнаружим, что «вверх по лестнице» фактически означает «назад к источнику», и это потому, что мы уже были там, но теперь должны разобраться, как вернуться туда самостоятельно.

Источник – вот наша конечная цель, туда лежит наш путь. Чтобы добраться к нему быстро и безопасно, нам необходимо огромное желание – кли. Такое громадное стремление к духовности

может прийти только от света, от Творца, но чтобы оно стало достаточно сильным, необходима поддержка окружения.

Следует дать некоторые пояснения: когда мне хочется кусок торта, я воображаю его – вкус, цвет, запах, то, как он тает во рту. Чем больше я о нем думаю, тем больше мне его хочется. В каббале мы бы определили это как «торт светит» мне «окружающим светом».

Таким образом, чтобы пожелать духовности, нам необходимо усваивать такой окружающий свет, который заставит нас захотеть духовных наслаждений. Чем больше такого света мы собираем,

– Если ли разница в том, как называть свет – окружающим светом или просто светом?

Разница в названиях «окружающий свет» и «свет» относится к двум функциям одного и того же света. Свет, который не считается окружающим, мы испытываем как наслаждение, в то время как окружающий свет строит кли, тот сосуд, в который когда-нибудь войдет свет. Оба они, по сути, являются одним и тем же светом, но, ощущая его исправляющее и формирующее воздействие, мы называем его окружающим светом, а ощущая его как чистое наслаждение – светом.

Естественно, мы не получим света, пока не подготовим кли. Однако свет всегда рядом, он окружает наши души так же, как природа, неизменно присутствующая вокруг нас. Таким образом, если у нас нет кли, окружающий свет строит его для нас, усиливая наше желание наслаждения.

тем быстрее наше продвижение. Жажда духовности называется «поднятие МАН», а техника этого действия аналогична усилению желания съесть торт: воображайте духовные состояния, говорите, читайте, думайте о них, делайте все возможное, чтобы сосредоточиться на них. Однако самым мощным средством усиления любого желания является окружающее вас общество. Можно использовать окружение, чтобы усилить свое духовное желание – свой МАН, ускорив тем самым свое продвижение.

Более подробно мы поговорим об окружении в шестой части, а сейчас давайте подумаем о нем в следующем контексте: если все вокруг меня желают одного и того же и говорят об этом, если у них есть только один объект стремления, я обязательно захочу того же.

Во второй части мы отмечали, что появление кли, желания, заставляет наш мозг искать способ наполнить это кли светом (ор) и удовлетворить желание. Чем больше кли, тем больше света; чем больше света, тем быстрее можно отыскать верный путь.

Для начала нам необходимо понять, как окружающий свет создает кли и почему он называется светом. Чтобы понять все это, необходимо уяснить концепцию «решимот».

Развитие духовных миров и души Адам Ришон происходило в определенном порядке. В случае миров – Адам Кадмон, Ацилут, Брия, Ецира и Асия, в случае Адам Ришон этапы эволюции получили названия по типу последовательно возникавших желаний – неживой, растительный, животный, говорящий и духовный.

Так же как мы не забываем детства и полагаемся на опыт прошлого в своей настоящей жизни, каждый законченный этап эволюционного процесса не исчезает, а регистрируется в нашей «духовной памяти». Иными словами, внутри нас запечатлена вся история нашей эволюции, начиная с того времени, когда мы были едины с Замыслом Творения, и по сей день. Подняться по духовной лестнице – значит, вспомнить те состояния, в которых мы уже находились, и вскрыть эти воспоминания.

Этим воспоминаниям подходит название «решимот» (записи), и каждое решимо (единственное число от «решимот») описывает определенное духовное состояние. Поскольку наша духовная эволюция подчиняется определенному порядку, то и решимот проявляются в нас в том же самом порядке. Другими словами, наши будущие состояния уже определены, поскольку мы не создаем ничего нового, а просто вспоминаем события, которые уже происходили с нами, о чем нам самим неизвестно. Человек способен принимать решения только в одном (более подробно это будет обсуждаться в следующих частях) – насколько быстро можно подниматься по лестнице. Чем больше усилий мы прилагаем во время восхождения, тем быстрее будет происходить смена этих состояний и наше духовное развитие.

Каждое решимо является законченным, когда мы испытали его во всей полноте, все их можно уподобить звеньям цепи – одно решимо кончается, другое возникает. Каждое решимо, которое открывается в настоящем, изначально было создано своим предшественником, а поскольку сейчас мы поднимаемся по лестнице, совершая обратный путь, нынешнее решимо «пробуждает» своего «создателя». Поэтому не стоит надеяться, что текущее состояние закончится и можно будет передохнуть, ведь когда оно подойдет к концу, активизируется следующее по очереди, и так будет продолжаться до тех пор, пока мы не завершим свое исправление.

Когда мы стремимся стать альтруистами (духовными людьми), то приближаемся к своему исправленному состоянию, так как все быстрее вскрываем решимот. Поскольку эти решимот представляют собой записи возвышенных духовных переживаний, ощущения, рожденные ими, являются все более духовными.

Когда это происходит, мы начинаем смутно ощущать связи, единство и любовь, присущие этому состоянию, как далекий тусклый свет. Чем больше мы стремимся достичь его, чем ближе он становится, тем ярче его сияние. Более того, чем интенсивнее свет, тем сильнее наше стремление к нему. Так, свет строит кли – наше желание духовности.

Итак, мы видим, что понятие «окружающий свет» прекрасно описывает наше ощущение от него. До тех пор, пока мы не обрели его, мы видим свет, как внешний, привлекающий нас обретением ослепительного блаженства.

Раскрытие каббалы

Всякий раз, когда свет выстраивает достаточно большое кли, чтобы мы смогли перейти на следующий уровень, открывается следующее решимо и у нас возникает новое желание. Мы не знаем, почему меняются наши желания, поскольку они всегда являются частью решимот более высокого уровня, чем тот, на котором мы находимся, даже когда не кажутся нам такими.

Так же, как вскрылось последнее решимо, приведя нас в наше нынешнее состояние, новое желание приходит из нового решимо. Так и продолжается наш подъем по лестнице. Спираль решимот и восхождений кончается у цели Творения – корня наших душ, где мы равны Творцу и едины с Ним.

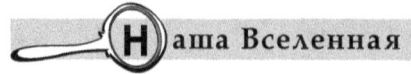 аша Вселенная

СТРЕМЛЕНИЕ К ДУХОВНОСТИ

Как разъяснялось в предыдущем разделе, нижняя часть четвертой стадии – это субстанция души Адам Ришон. Так же как миры создаются в соответствии с растущими желаниями, эволюция души Адама (человечество) проходила пять стадий: от неживой до четвертой (духовной).

Человечество переживает каждую стадию во всей ее полноте, пока та не исчерпает себя. Затем, проявляются желания следующего уровня в соответствии с последовательностью заложенных в нас решимот. На сегодняшний день мы уже испытали все решимот всех желаний – от «неживых» до «говорящих». Для завершения эволюции человечества осталось лишь одно – пережить весь спектр духовных желаний. Тогда и будет достигнуто наше единство с Творцом.

Раскрытие каббалы

В действительности активизация желаний четвертого уровня началась еще в XVI веке, как утверждал каббалист Исаак Лурия (АРИ), но сегодня мы становимся свидетелями самого напряженного проявления пятого уровня – стремления к духовному наполнению. Более того, мы отмечаем его активизацию в гигантском масштабе, когда миллионы людей по всему миру ищут духовных ответов на свои вопросы.

Единственное отличие между людьми состоит в выборе способа наслаждения. Наслаждение само по себе бесформенно, неосязаемо. Когда оно скрывается под различными «оболочками» и «одеяниями», создается иллюзия, что существует несколько видов наслаждений, в то время как, в действительности, все это лишь многочисленные виды «оболочек».

Тот факт, что наслаждение носит духовную природу, объясняет наше неосознанное стремление заменить его внешнюю оболочку желанием ощутить это наслаждение в чистой, первозданной форме: как свет Творца.

Поскольку нам неизвестно, что различие между людьми и заключается в желании разных оболочек наслаждения, мы судим о них по тому, какие оболочки они предпочитают. Некоторые из оболочек мы считаем правильными, например, любовь к детям, в то время как другие, такие как наркотики, – неприемлемыми. Когда мы ощущаем, что в нас возникает неприемлемая оболочка наслаждения, то вынуждены скрывать свое желание именно по этой причине. Однако скрытое желание никуда не уходит и, конечно же, не исправляется.

Наша Вселенная

Поскольку вскрывающиеся сегодня решимот ближе к духовности, чем решимот прошлого, главные вопросы, которые возникают у современного человека, касаются его происхождения, истока его существования! Несмотря на то, что большинство людей имеет крышу над головой и зарабатывает достаточно, чтобы обеспечить себя и свою семью, их одолевают вопросы: откуда они пришли, по чьему замыслу и с какой целью. Когда же ответы, предлагаемые мировыми религиями, их не удовлетворяют, они ищут их в других источниках знаний.

Основное отличие четвертой стадии от всех остальных состоит в том, что она требует от нас осознанного развития. На предыдущих стадиях переход к следующему эволюционному этапу неизменно был продиктован природой. Она оказывала на нас давление достаточно сильное, чтобы мы почувствовали себя неуютно в привычном состоянии, и захотели бы его изменить. Именно так природа осуществляет развитие всех своих частей: человечества, животного, растительного и даже минерального царства.

В силу врожденной лени мы переходим из одного состояния в другое только тогда, когда давление становится невыносимым. Иначе мы и пальцем не пошевелим. Логика проста: мне и так хорошо, зачем куда-то идти?

Однако у природы был другой замысел. Она не могла позволить нам самодовольно прозябать в привычном состоянии, она хочет, чтобы мы продолжали развиваться, пока не достигнем ее собственного уровня – уровня Творца. Такова цель Творения.

Следовательно, перед нами открываются две возможности: мы можем сделать выбор развивать-

ся под (болезненным) нажимом природы, либо безболезненно, принимая личное участие в развитии своего сознания. Остановка в развитии не предусмотрена, поскольку это не входило в планы природы, когда она создавала нас.

Если наш духовный уровень начинает повышаться, то, исключительно, потому, что мы хотим этого, и желаем достичь состояния Творца. Так же, как и на четвертой стадии от нас требуется добровольно изменить свои желания.

Поэтому природа будет продолжать свое давление на нас. Мы будем страдать от ураганов, землетрясений, эпидемий, терроризма и всякого рода стихийных и техногенных катаклизмов, пока не осознаем, что обязаны измениться, должны сознательно вернуться к своему Корню.

Давайте повторим: эволюция нашего духовного корня проходила с Нулевой по Четвертую стадии; Четвертая стадия подразделяется на миры (верхняя часть) и души (нижняя часть). Души – составляющие общую душу Адам Ришон – разбились, утратив ощущение единства с Творцом. Это разбиение Адама и привело род человеческий в нынешнее состояние, называемое «ниже барьера», или просто «наш мир». Преодолев барьер, духовная сила создала материальную частицу, которая начала развиваться. Это был Большой Взрыв.

Следует помнить: когда каббалисты говорят о духовном мире и материальном, физическом, они имеют в виду альтруистические и эгоистические качества соответственно. Они никогда не подразумевают миры, заполняющие физическое пространство в некой неизведанной вселенной.

Наша Вселенная

Мы не можем сесть в космический корабль и отправиться в мир, предположим, Ецира, или обрести духовность, изменив свой характер. Сделать это можно, лишь став альтруистом, подобным Творцу. Когда мы сможем осуществить это, то обнаружим, что Творец уже находится в нас, что Он всегда был там, ожидая нас.

На всех уровнях, кроме последнего, эволюция не предполагает осознания собственного «я». Что касается личности, сам факт нашего существования не означает, что мы его осознаем. До достижения нами четвертого уровня мы просто существуем. Иначе говоря, мы проживаем свою жизнь наиболее приятным образом, но воспринимаем ее как нечто само собой разумеющееся, не задаваясь вопросом, есть ли у нее цель.

Однако так ли уж это очевидно? Поскольку существуют минералы, растения могут получать питание и расти; поскольку существуют растения, животные могут получать питание и расти; поскольку существуют минералы, растения и животные, люди могут получать питание и расти. Так, в чем же смысл человеческого существования? Нам служат все уровни, но чему или кому служим мы? Самим себе? Своему эгоизму? Когда мы впервые задаемся такими вопросами, начинается наше осознанное развитие, возникает стремление к духовности, которое называется «точка в сердце».

На последнем эволюционном этапе мы начинаем понимать процесс, в котором принимаем участие. Проще говоря, начинаем усваивать логику природы. Чем лучше мы понимаем ее, тем больше расширяем свое сознание и соединяемся с ним. Наконец, когда эта логика будет полностью усвоена, мы поймем, как работает природа, и даже научимся управлять ею. Этот процесс происходит только на последнем уровне – уровне духовного восхождения.

Нам следует навсегда запомнить, что завершающий уровень человеческого развития должен раскрываться сознательно и добровольно. Без искреннего желания духовного роста невозможна никакая духовная эволюция. Помимо этого духовное развитие «сверху вниз» уже произошло. Нас провели по четырем стадиям распространения света через пять миров – Адам Кадмон, Ацилут, Брия, Ецира и Асия, – после чего поместили в этот мир.

Если сейчас мы хотим взобраться обратно, подняться по духовной лестнице, то должны сознательно избрать это. Однако стоит нам забыть о том, что цель Творения состоит в уподоблении Творцу, мы не сможем и понять, почему природа не помогает нам, а порой, даже создает препятствия на нашем пути.

С другой стороны, если мы сосредоточимся на цели природы, то ощутим, что наша жизнь – волнующее путешествие, обещающее открытия, поиск духовных сокровищ. Более того, чем активнее наше участие в путешествии по жизни, тем быстрее и легче будут совершены эти открытия. Что еще лучше, все невзгоды будут восприниматься нами как вопросы, на которые необходимо найти ответ, а не как тягостные испытания, с которыми мы сталкиваемся в своем физическом существовании. Именно поэтому сознательное развитие гораздо предпочтительней развития вынужденного, совершаемого после получения болезненных тычков в спину от природы.

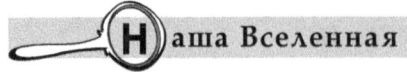

Если присутствует желание духовного развития, значит, у нас есть подходящее для этого кли, а нет ничего прекрасней ощущения наполненного кли, осуществленного желания.

Однако стремление к духовности должно прийти прежде духовного наполнения. Подготовка кли к свету – это не только единственное средство восхождения на четвертой стадии, но и единственное, что может принести несомненное наслаждение.

Фактически, если задуматься, то нет ничего естественнее, чем предварительная подготовка кли. Если мне хочется напиться, вода – мой свет, мое наслаждение. Естественно, чтобы выпить ее, я должен сначала приготовить сосуд (кли), которым в данном случае будет жажда. То же самое применимо ко всему, что нам хочется получить в этом мире. Если мой свет – новая машина, то мое желание обладания ею и есть мое кли. Это кли заставляет меня работать, чтобы купить ее, и страхует от растраты денег на другие прихоти.

Единственное отличие духовного кли от материального состоит в невозможности с уверенностью сказать, что может быть получено в духовное кли. Поскольку между состоянием человека и его заветной целью существует барьер, никогда не знаешь, какова цель, пока не достигнешь ее. Когда же цель достигнута, она превосходит все, что только можно было себе вообразить, но до этого момента никогда не знаешь наверняка, насколько она величественна.

ВЫВОДЫ

Порядок этапов развития физического мира тот же, что мира духовного – это пирамида желаний. В духовном мире желания (неживые, растительные, животные, говорящие и духовные) образуют миры *Адам Кадмон, Ацилут, Брия, Ецира* и *Асия*. В материальном мире они создают минералы, растения, животных, людей и людей с *«точкой в сердце»*.

Создание материального мира произошло, когда душа *Адам Ришон* разбилась. Тогда все желания начали проявляться одно за другим, от слабых к сильным, от неживых до духовных, создавая наш мир – стадия за стадией.

Сегодня, в начале XXI века все стадии уже сформированы, за исключением стремления к духовному миру, которое проявляется все активней. Исправив это новое желание, мы достигнем единства с Творцом, поскольку оно, по сути, и является желанием этого единства. Так, процесс эволюции мира и человечества достигнет кульминации.

По мере усиления нашего желания вернуться к духовным корням мы строим духовное *кли*. Окружающий свет исправляет и совершенствует это *кли*. С переходом на каждый новый уровень развития пробуждается новое *решимо* – запись о более совершенном состоянии, в котором мы уже находились в прошлом. В конечном итоге, окружающий свет исправляет все *кли* целиком, и душа *Адама* вновь соединяется со всеми своими частицами и с Творцом.

Однако этот процесс вызывает желание задать вопрос: если *решимо* запечатлены во мне и если определенные состояния пробуждаются и происходят также во мне, то где же находится объективная реальность? Если *решимот* другого человека отличаются от моих, означает ли это, что он живет в другом по отношению ко мне мире? Как тогда быть с духовными мирами? Где они находятся, если все существует во мне? Более того, где обитает Творец? Читайте дальше, в следующей части вы найдете ответы на все эти вопросы.

Часть 5

Чья реальность является реальностью?

Чья реальность является реальностью?

> *Все миры - высшие и низшие - находятся внутри человека.*
>
> Йегуда Ашлаг

Из всех неожиданных идей, которые можно обнаружить в каббале, нет ни одной более непредсказуемой, более иррациональной и вместе с тем столь глубокой и захватывающей, чем концепция реальности. Если бы не Эйнштейн и квантовая механика, совершившие переворот в представлениях людей о реальности, предложенные здесь идеи могли быть отметены и высмеяны.

В предыдущей части говорилось о том, что эволюция возможна благодаря развитию нашего желания получать наслаждения с нулевого уровня до четвертого. Однако если наши желания были движущей силой эволюции мира, то существует ли он вне нас? Не окажется ли окружающий нас мир, в действительности, сказкой, в которую мы хотим поверить?

Мы рассматривали, что Творение началось с Замысла Творения, создавшего четыре основных стадии распространения прямого света. Эти стадии включают в себя десять сфирот: Кетэр (нулевая стадия), Хохма (первая стадия), Бина (вторая стадия), Хесед, Гвура, Тиферет, Нэцах, Ход и Йесод (все они составляют третью стадию - Зеир Анпин) и Малхут (четвертая стадия).

Раскрытие каббалы

Книга «Зоар» - научный труд, который изучает каждый каббалист, утверждает, что вся реальность состоит из одних только десяти сфирот. Все сотворено из структур, представленных этими десятью сфирот. Единственное различие между ними заключается в том, насколько глубоко они погружаются в нашу субстанцию - желание получения.

Для того чтобы понять, что имеют в виду каббалисты под словами: «они погружены в нашу субстанцию», вообразите некое тело, скажем, шар, вдавленный в кусок пластилина или глины, пригодной для лепки. Шар представляет собой группу десяти сфирот, а глина - нас, или наши души. Далее, если мы вдавим шар в глину, с ним ничего не произойдет, но чем глубже он будет вдаваться в глину, тем больше изменится она.

С чем можно сравнить взаимодействие группы из десяти сфирот, и души? Случалось ли вам вдруг обнаружить нечто ускользающее от вашего внимания в том привычном, что вас всегда окружало? Это похоже на ощущение, возникающее, когда десять сфирот углубляются в желание получать. Говоря простыми словами, если мы внезапно осознаем что-то, чего не чувствовали прежде, значит, десять сфирот вошли в нас глубже.

Желание получать каббалисты называют авиют, что буквально означает «толщина», а не «желание». Они используют этот термин, поскольку, чем выше желание получать, тем больше слоев к нему добавляется.

Как уже говорилось, желание получать, авиют, состоит из пяти основных стадий - 0, 1, 2, 3, 4.

Чья реальность является реальностью?

По мере погружения десяти сфирот в уровни (слои) авиюта, они создают разнообразные сочетания, или смеси, желания получать и желания отдавать. Их комбинации образуют все, что существует: духовные миры, материальные миры и то, что находится в них.

Вариации наших состояний (желания получать) формируют способы восприятия, называемые «келим» (множественное число от «кли»). Иными словами, каждая форма, каждый цвет, запах, любая мысль – все, что существует, – присутствует здесь, поскольку во мне есть соответствующее кли, способное это воспринимать.

Так же как наш мозг пользуется буквами алфавита для изучения, всего, что способен предложить этот мир, наши келим используют десять сфирот для изучения всего, что предлагают духовные миры. Насколько при изучении этого мира мы подчиняемся определенным правилам и ограничениям, настолько при исследовании духовных миров нам необходимо знать правила, по которым они формируются.

Изучая что-либо в материальном мире, мы должны следовать определенным правилам. Например, истинность чего-либо необходимо проверять опытом. Если проверка показывает, что все работает, предположение считается правильным, пока кто-нибудь не докажет (на практике, а не на словах), что произошла ошибка. Без проверки опытом все остается лишь гипотезой.

Духовные миры также имеют ограничения, их три, говоря точнее. Если мы хотим достичь цели Творения и стать подобными Творцу, то должны придерживаться этих ограничений.

ТРИ ОГРАНИЧЕНИЯ ПРИ ИЗУЧЕНИИ КАББАЛЫ

Первое ограничение – что мы воспринимаем

В своем предисловии к книге «Зоар» каббалист Йегуда Ашлаг пишет о существовании «четырех категорий восприятия – материи, формы материи, абстрактной формы и сущности». Когда мы исследуем духовную природу, наша задача – определить, какая из этих категорий обеспечивает нас надежной, достоверной информацией, а какая нет.

«Зоар» разъясняет лишь первые две. Иными словами, каждое отдельное слово книги написано или с позиции материи, или формы материи, и нет ни слова, написанного с позиции абстрактной формы или сущности.

Чья реальность является реальностью?

Второе ограничение – где мы воспринимаем

Как упоминалось выше, субстанция духовных миров называется «душа *Адам Ришон*». Так создавались духовные миры. Однако мы уже миновали сотворение этих миров и находимся на пути восхождения на более высокие уровни, хотя порой кажется, что это совсем не так.

В нашем состоянии душа *Адама* уже распалась на части. «Зоар» учит, что подавляющее большинство осколков (99 процентов, если быть точными) рассеяно по мирам *Брия*, *Ецира* и *Асия* (*БЕА*), и только один процент поднялся до мира *Ацилут*.

Поскольку душа *Адама* входит в систему миров *БЕА* и рассеяна по этим мирам, и поскольку мы все являемся частицами этой души, совершенно ясно, что мы способны воспринимать лишь части этих миров. Все что мы считаем пришедшим из миров более высоких, чем *БЕА*, таких как *Ацилут* и *Адам Кадмон*, недостоверно, что бы мы там ни думали. Нашему восприятию доступны лишь отражения, пришедшие из миров *Ацилут* и *Адам Кадмон* через фильтры миров *БЕА*.

Наш мир находится на самом нижнем уровне миров *БЕА*. Этот уровень, фактически, по своей природе диаметрально противоположен остальным духовным мирам, потому мы и не ощущаем их. Это похоже на двух людей, стоящих спина к спине и идущих в противоположных направлениях. Есть ли шанс, что они когда-нибудь встретятся?

Однако стоит нам исправиться, и мы обнаруживаем, что уже живем в мирах *БЕА*. В конце концов мы непременно будем подниматься вместе с ними в миры *Ацилут* и *Адам Кадмон*.

Третье ограничение – кто воспринимает

При том, что «Зоар» так детально описывает структуру каждого мира и происходящие в нем события, словно некое место в физическом мире, на самом деле, речь идет, исключительно, о переживаниях душ. Иными словами, в книге передается, как каббалисты *воспринимают* то или иное явление, и что мы тоже можем их испытать. Поэтому, читая в книге «Зоар» о событиях, происходящих в мирах *БЕА*, в действительности мы узнаем о том, как рабби Шимон Бар-Йохай (автор книги «Зоар») воспринимал духовные состояния и как это описал его ученик рабби Абба.

Вместе с тем, когда каббалисты пишут о мирах, находящихся выше *БЕА*, по сути, они пишут не о самих этих мирах, а о том, как *известные каббалистические авторы* воспринимали эти миры, находясь в мирах *БЕА*. Поскольку каббалисты передают свои личные переживания, у этих описаний имеются и сходства, и различия. Кое-что из изложенного ими имеет отношение к общей структуре миров, например, названия сфирот и миров. Остальное касается личного опыта, полученного авторами в этих мирах.

Например, если я стану рассказывать другу о поездке в Нью-Йорк, то могу рассказать о Таймс-

Чья реальность является реальностью?

сквер или об огромных мостах, соединяющих Манхэттен с материком, а могу поведать ему о том, какое потрясение испытал, ведя машину по величественному Бруклинскому мосту, и что чувствовал, стоя посреди Таймс-сквер, залитый ослепительными огнями, цветом, звуком, охваченный ощущением потерянности.

Различие между первыми двумя примерами и последними в том, что в последних я передаю личные переживания, а в первых говорю о впечатлениях, которые получит каждый, побывав на Манхэттене, хотя все будут переживать полученный опыт по-разному.

Упоминая о первом ограничении, мы сказали, что «Зоар» дает информацию с позиции материи и формы материи. Материя – это желание полу-

---

Обязательно следует запомнить, что «Зоар» нельзя воспринимать как повествование о мистических происшествиях или сборник сказок. «Зоар», как и все каббалистические книги, следует использовать для обучения. Это означает, что книга поможет только в том случае, если вы тоже захотите испытать то, что в ней описано. Иначе, она ничего вам не даст, и вы ее не поймете.

Запомните: правильное понимание каббалистических текстов зависит от вашего намерения во время чтения, от причины, по которой вы их открыли, а не от мощи вашего интеллекта. Содержание окажет на вас воздействие, только в том случае, если вы хотите изменить свои качества на альтруистические, которые описаны в тексте.

Раскрытие каббалы

чать, а форма материи – это намерение, с которым это желание осуществляется: для меня или для других. Проще говоря: материя = желание получать; форма = намерение.

Форма отдачи изображается структурой строения мира *Ацилут*. Отдача в своей абстрактной форме является качеством Творца и не имеет никакого отношения к творениям, эгоистичным по природе. Однако творения (люди) *могут* облекать свое желание получать в *форму* отдачи, чтобы оно *походило* на нее. Иначе говоря, мы можем получать и, поступая так, становиться дающими.

Существуют две причины, по которым мы не можем просто отдавать:

1) Для того, чтобы отдавать, должен быть некто, кто хочет получать. Однако помимо нас существует только Творец, который не нуждается в получении, чего бы то ни было, поскольку Его природа – отдача. Таким образом, отдача не является для нас возможным выбором.

2) У нас нет ни малейшего желания отдавать. Мы не можем отдавать, поскольку сотворены из желания получать; получение – сама наша сущность, наша материя.

Итак, последний довод сложнее, чем может показаться на первый взгляд. Когда каббалисты пишут, что мы хотим только получать, они совсем не имеют в виду, что мы только и умеем получать, они говорят о том, что таков скрытый мотив, стоящий за всеми нашими действиями. Сформулировано все предельно ясно: если это не принесет наслаждения, мы не сможем этого сделать. Дело не

Чья реальность является реальностью?

только в том, что мы не захотим сделать, а в том, что, буквально, не сможем. Творец (природа) создал нас, наделив лишь одним желанием – получать, поскольку все, чего Он хочет, – отдавать. Следовательно, нам нет нужды менять свои действия, стоит сменить лишь скрытую мотивацию, стоящую за ними.

ВОСПРИЯТИЕ РЕАЛЬНОСТИ

Есть много терминов для описания понимания. Самый глубокий его уровень каббалисты называют «постижение». Поскольку они изучают духовные миры, их цель – обретение «духовного постижения». Постижение подразумевает настолько глубокое и всеохватывающее понимание воспринимаемого, что вопросов не остается. Каббалисты пишут, что в конце эволюции человечества мы все достигнем Творца в состоянии, называемом «подобие форм».

Стремясь к достижению цели, каббалисты самым тщательным образом старались определить, какие аспекты реальности следует изучать, а какие нет. Чтобы сделать это, они следовали очень простому принципу: если что-то помогает получить знания быстро и надежно,

Чья реальность является реальностью?

это следует изучать, если нет, этим следует пренебречь.

Каббалисты вообще и «Зоар» в частности убеждают нас изучать только то, что можно воспринимать с абсолютной достоверностью. Мы не должны тратить свое время на предположения и догадки, ведь тогда наше достижение будет ненадежным.

Каббалисты также говорят, что из четырех категорий восприятия – материи, формы материи, абстрактной формы и сущности – мы способны с уверенностью воспринять только первые две. По этой причине все, о чем повествует «Зоар», – это желания (материя) и то, как мы используем их: ради себя или ради Творца (форма материи).

Каббалист Йегуда Ашлаг пишет, что «если читатель не знает, как благоразумно относиться к ограничениям, и все воспринимает в отрыве от контекста, это тотчас же приведет его в замешательство». Такое может произойти, если мы не ограничим свое исследование материей и формой материи.

Нам следует понять, что в духовности не бывает «запретов». Когда каббалисты называют что-то «запретным», имеется в виду, что это невозможно. Когда они заявляют, что не нужно изучать абстрактную форму и сущность, отсюда не следует, что молния поразит всех, кто сделает это, но означает, что мы не способны изучать данные категории, даже если нам очень этого хочется.

Йегуда Ашлаг объясняет непостижимость сущности на примере электричества. Он говорит, что его можно использовать различными способами: для лечения, охлаждения, проигрывания музыкальных произведений, просмотра фильмов. Электричество может облечься множеством форм, но способны ли мы выразить саму его сущность?

Используем другой пример для разъяснения понятия четырех категорий – материи, формы материи, абстрактной формы и сущности. Называя какого-то человека сильным, мы на самом деле имеем в виду его материю – тело – и форму, облекающую его плоть, – силу.

Если же мы отделим форму силы от материи (тела человека) и станем изучать ее отдельно, это и будет исследованием абстрактной формы силы. Четвертая категория – сама сущность человека – абсолютно непостижима. У нас попросту нет таких органов чувств, с помощью которых можно исследовать сущность и изобразить ее в доступном восприятию виде. Из этого следует, что сущность является не только чем-то непознанным непосредственно сейчас – нам *никогда* не удастся познать ее.

Чья реальность является реальностью?

ЛОВУШКА ЗАБЛУЖДЕНИЯ

Почему же так важно сосредоточиться только на двух первых категориях? Проблема состоит в том, что когда имеешь дело с духовностью, никогда не знаешь, в какой момент можно впасть в заблуждение. Продолжая двигаться в неверно избранном направлении, можно далеко уйти от истины.

В материальном мире, если я знаю, чего хочу, то могу проверить, удается ли мне получить желаемое, или хотя бы определить, в верном ли направлении я продвигаюсь. С духовностью все обстоит иначе. Здесь, если ошибиться, можно лишиться не только желаемого, но и достигнутого духовного уровня: свет меркнет, и человек становится неспособным верно определить новое направление без помощи наставника. Вот почему так важно понять три ограничения и следовать их указаниям.

Раскрытие каббалы

НЕСУЩЕСТВУЮЩАЯ РЕАЛЬНОСТЬ

Теперь, когда мы поняли, что можно изучать, а что нельзя, давайте разберемся, что мы, в действительности, изучаем с помощью своих чувств. О каббалистах можно сказать, что они исследуют все до мельчайших деталей. Йегуда Ашлаг, который досконально изучил реальность и потому сумел рассказать нам о ней, писал: «Мы не знаем, **что** существует вне нас. Например, мы не имеем представления о том, что находится за пределами нашего уха, что заставляет барабанную перепонку реагировать. Нам известна лишь наша собственная реакция на внешний стимул».

Даже названия, которые мы даем этим явлениям, связаны не с самими явлениями, а с нашими реакциями на них. Скорее всего, нам неведомо многое из того, что происходит в мире. Все это может пройти незамеченным для наших чувств,

Чья реальность является реальностью?

ведь мы реагируем только на те явления, которые воспринимаем. По этой причине, вполне очевидно, мы и не можем воспринимать сущность того, что находится вне нас, а имеем возможность лишь исследовать собственные реакции.

Это правило восприятия применимо не только к духовным мирам – таков общий закон природы. Подобное отношение к реальности позволяет нам осознать: мы видим вовсе не то, что существует в действительности. Такое понимание имеет первостепенную важность для достижения духовного развития.

Исследуя свою реальность, мы начинаем обнаруживать то, чего прежде не осознавали. Мы истолковываем происходящее в нас самих так, будто все это происходит вне нас. Нам не известен подлинный источник событий, которые мы переживаем, но мы *чувствуем*, что они происходят во внешнем мире. Однако нам никогда этого не узнать наверняка.

Чтобы установить правильные отношения с реальностью, нам не следует думать, будто все, что мы воспринимаем, отражает «реальную» картину. Нами воспринимается лишь то, как события (формы) воздействуют на наше восприятие (нашу материю). Более того, воспринимаемое нами является не существующей вовне объективной картиной происходящего, а нашей реакций на него. Мы не способны даже сказать, связаны ли (и если да, то до какой степени) ощущаемые нами формы с абстрактными формами, с которыми мы их ассоциируем. Иными словами, тот факт, что мы видим красное яблоко красным, вовсе не означает, что оно действительно красное.

На самом же деле, если вы спросите об этом физиков, они скажут вам, что единственное утверждение, которое вы можете сделать по поводу красного яблока, – что оно *не* красное. Вспомните, как работает *масах* (экран): он получает то, что способен принять, чтобы затем, вернуть Творцу, а остальное отвергает.

Подобно этому, цвет объекта определяется световыми волнами, которые освещенный объект *не* может поглотить. Мы видим цвет не самого объекта, а *отраженный* им свет. Истинный цвет объекта – это поглощенный им свет, но поскольку этот свет поглощен, он не может быть воспринят нашим зрением, а потому мы не способны его увидеть. Именно поэтому красное яблоко может быть любого цвета, кроме красного.

Вот как Йегуда Ашлаг в «Предисловии к книге «Зоар» описывает отсутствие у нас восприятия сущности: «Известно, что мы не способны представить себе то, что не способны почувствовать, но мы не способны представить и то, что не способны осмыслить… Следовательно, мышление совершенно невосприимчиво к сущности».

Итак, поскольку мы не способны осмыслить сущность, любую сущность, то и воспринять ее не можем. Потому, впервые сталкиваясь с «Предисловием» Бааль Сулама, большинство изучающих каббалу недоумевают, как мало мы, в действительности, знаем о себе. Вот, что пишет Бааль Сулам по этому поводу: «Помимо всего прочего, мы не

Чья реальность является реальностью?

знаем даже своей собственной сущности. Я чувствую и знаю, что занимаю определенное пространство в мире, что мое тело плотное, теплое, что я мыслю, знаю и другие подобные проявления функционирования моей сущности. Но если вы спросите меня, какова моя сущность... я не буду знать, что вам ответить».

ИЗМЕРИТЕЛЬНЫЙ ПРИБОР

Давайте рассмотрим проблему своего восприятия под другим углом, более техническим. Наши чувства являются измерительными приборами. Они измеряют все, что воспринимают. Слыша звук, мы определяем, громкий он или тихий, видя объект, (обычно) можем сказать, каков его цвет, прикасаясь к предмету, мгновенно понимаем, теплый он или холодный, влажный или сухой.

Все измерительные приборы работают одинаково. Представьте себе весы с лежащим на них грузом весом в один килограмм. Обыкновенные весы снабжены пружиной, которая растягивается в зависимости от веса груза, и шкалой, измеряющей ее напряжение. Когда растяжение пружины прекращается и останавливается в определенной

Чья реальность является реальностью?

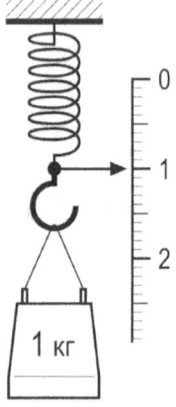

Рис. 6
Шкала измеряет напряжение в пружине, а не сам вес.

точке, цифры на шкале указывают вес объекта. По сути же, мы измеряем не его вес, а баланс пружины и груза (рис. 6).

Вот почему каббалист Йегуда Ашлаг утверждает, что мы не способны воспринимать абстрактную форму, ведь мы с ней никак не связаны. Если мы сможем подвесить объект на пружину, чтобы измерить внешнее воздействие, то получим какой-то результат. Если же мы не можем измерить происходящее во внешнем мире, то будто бы ничего не происходит. Более того, если, измеряя внешнее воздействие, мы поставим пружину с дефектом, то получим неверный результат. Именно это и происходит, когда мы стареем, и наши чувства притупляются.

Говоря духовным языком, внешний мир поставляет нам абстрактные формы, такие как вес. Используя пружину и шкалу – желание получать

аскрытие каббалы

и намерение отдавать, мы измеряем, в каком количестве сможем принять данную абстрактную форму. Если бы мы сумели создать прибор для «измерения» Творца, то смогли бы ощутить Его так же, как чувствуем этот мир. Что ж, такой прибор существует и называется «шестое чувство».

Чья реальность является реальностью?

ШЕСТОЕ ЧУВСТВО

Давайте немного пофантазируем, начиная новый раздел: мы находимся в темном пространстве, в абсолютном вакууме. Ничего не видно, не слышно ни звука, нет ни запаха, ни вкуса, не к чему прикоснуться. Теперь представьте себе: вы пробыли в этом состоянии так долго, что забыли о том, что у вас были подобные чувства. В конце концов, вы забыли о самом их существовании.

Вдруг возникает нежное благоухание. Оно усиливается, окружая вас, но вы не способны определить его местонахождение. Затем, появляются различные ароматы – одни сильные, другие слабые, одни сладкие, другие терпкие. Ориентируясь по ним, вы теперь можете определить свое направление в мире. Различные запахи приходят из разных мест, и вы можете, следуя за нами, начать свой путь.

Затем, внезапно отовсюду до вас доносятся звуки. Они различны: некоторые похожи на музыку, другие – на речь, третьи – просто на шум. Звуки дают вам дополнительные ориентиры в этом пространстве.

Так, вы получаете возможность измерять расстояния, направления, вы можете угадывать источники запахов и звуков, которые воспринимаете. Объем, в котором вы находитесь, уже больше не является просто пространством, это целый мир звуков и запахов.

Через некоторое время приходит новое откровение: что-то прикасается к вам. Вскоре вы обнаруживаете еще больше объектов, которые можете осязать. Некоторые из них холодные, другие – теплые, некоторые – сухие, другие – влажные. Иные – твердые, иные – мягкие, а в отношении каких-то из них вы совершенно не можете определить, что они собой представляют. Вы обнаруживаете, что некоторые из объектов, которых вы касаетесь, можно положить в рот, и тогда оказывается, что они разные на вкус.

К этому времени вы уже живете мире, богатом звуками, запахами, ощущениями и вкусами. Вы можете касаться объектов в своем мире, можете изучать свое окружение.

Таков мир слепого от рождения. Если бы вы оказались на его месте, ощутили бы вы нужду в зрении? Знали бы вы, что у вас его нет? Никогда. Такое возможно, если вы были зрячим, а потом ослепли.

То же самое верно и для шестого чувства. Мы не помним, чтобы когда-то обладали им, хотя до раз-

Чья реальность является реальностью?

биения *Адам Ришон*, частицами которого мы являемся, оно было у всех.

Шестое чувство во многом работает так же, как и пять физических органов восприятия, с единственной разницей – оно не возникает само, его необходимо развивать. По сути, само название «шестое чувство» слегка вводит в заблуждение, поскольку в действительности мы развиваем не еще одно чувство, а *намерение*.

Развивая такое намерение, мы изучаем формы Творца, формы отдачи, противоположные нашему врожденному эгоистическому складу. Вот почему шестое чувство не дается нам природой – оно противоположно нам.

Выстраивая намерение на каждое желание, мы ощущаем то, что заставляет нас осознать, кто есть мы, Кто есть Творец, хотим мы или не хотим быть подобными Ему. Реальный выбор можно сделать лишь в том случае, если нам предоставлены две возможности. Поэтому Творец не заставляет нас становиться Ему подобными – альтруистами, но показывает нам, кто мы и Кто Он, и дает нам возможность сделать добровольный выбор. Сделав же выбор, мы становимся теми, кем намерены стать: подобными Творцу или нет.

Почему же мы называем намерение отдавать «шестым чувством»? Потому что, обладая тем же намерением, что и Творец, мы становимся подобными Ему. Это означает, что мы не только имеем одинаковое намерение, но и, развив форму, равную Его форме, видим и воспринимаем то, чего не могли бы, не имели бы способности воспринимать, сделав иной выбор. Мы, словно начинаем видеть Его глазами.

ЕСЛИ ЕСТЬ ПУТЬ – ЕСТЬ УПРАВЛЯЮЩИЙ ИМ

Возвращаясь к первой части, напомним, что там мы говорили о том, что концепция *кли* (сосуд, средство) и *ор* (свет), несомненно, является наиважнейшим положением каббалистической науки. Фактически, из *кли* и *ор* первое для нас важнее, даже если обретение второго является реальной целью.

Давайте поясним сказанное примером. В фильме «Что мы знаем о мире?» доктор Кэндейс Перт разъясняет что, если определенная форма изначально во мне не существует, я не смогу увидеть ее вовне. В качестве примера она приводит историю об индейцах, которые стояли на берегу и смотрели на приближающиеся корабли Колумба, и отмечает, что, согласно широко распространенному поверью, индейцы не могли видеть корабли, даже если смотрели прямо на них.

Чья реальность является реальностью?

Доктор Перт объясняет, что индейцы не могли видеть корабли, поскольку в их сознании не существовало подобной модели. Только шаман, который удивился появлению ряби на воде, взявшейся казалось бы ниоткуда, обнаружил корабли, после попытки представить, что могло ее вызвать. Обнаружив корабли, он описал их соплеменникам, и тогда они тоже смогли увидеть то же, что и он.

Если в лесу падает дерево, и нет никого, кто бы услышал это, производит ли оно звук?

Этот знаменитый дзен-буддистский коан *(особого рода загадка)* можно перефразировать в каббалистических терминах: *если нет кли, распознающего звук падающего дерева, откуда нам знать, что оно вообще произвело при падении какой-то звук?*

Подобным же образом мы могли бы сказать об открытии Колумба словами коана: «Существовала ли Америка до того, как Колумб открыл ее?»

Говоря каббалистическим языком, для распознавания внешнего объекта требуется внутреннее *кли*. По сути же, *келим* (множественное число от «кли») не просто распознают внешнюю реальность – они создают ее! Таким образом, флотилия Колумба существовала только в сознании – во внутренних *келим* – индейцев, которые увидели ее и описали.

Не существует ничего, что можно назвать внешним миром. Есть желания – *келим*, которые создают внешний мир в соответствии со своими собственными формами. Вне нас существует толь-

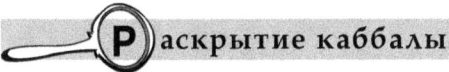
Раскрытие каббалы

ко абстрактная форма – неосязаемый, непостижимый Творец. Мы формируем свой мир, строя собственные инструменты восприятия – наши *келим*.

По этой причине нам не помогут молитвы о том, чтобы Творец избавил нас от невзгод или изменил мир вокруг нас к лучшему. Мир ни хорош, ни плох – он является отражением состояния наших собственных *келим*. Когда мы исправим их и сделаем прекрасными, мир также станет прекрасен.

Подобно этому, для совы ночь в темном лесу – время наилучшей видимости. Для нас же это время пугающей слепоты. Наша реальность является всего лишь проекцией наших внутренних *келим*. То, что мы называем «реальным миром» – всего лишь отражение нашего внутреннего исправления или испорченности. Мы живет в воображаемом мире.

Если мы хотим возвыситься над этим воображаемым миром до мира реального, до истинного восприятия, то должны переделать себя в соответствии с подлинными моделями. К концу дня все, что мы восприняли, будет соответствовать нашему внутреннему складу, способу построения этих моделей внутри нас. Вне нас нет ничего, что можно было бы открыть, ничего, что можно было бы обнаружить, кроме абстрактного Высшего света, оказывающего на нас воздействие и выявляющего новые образы внутри нас по мере нашей готовности.

Чья реальность является реальностью?

Теперь, все, что нам остается, – это выяснить, где найти исправленные *келим*. Существуют ли они внутри нас или мы должны построить их? Если мы должны их построить, как нам это сделать. Это и будет темой следующих разделов.

ЗАМЫСЕЛ ТВОРЕНИЯ

Келим – строительные блоки души. Желания – строительные материалы, кирпичи и дерево. Намерения – наши инструменты, отвертки, сверла и молотки.

Однако так же, как при строительстве дома, прежде чем начать работу, необходимо ознакомиться с чертежами. К сожалению, Творец, Он же Архитектор, не расположен давать их нам. Вместо этого он предлагает самостоятельно изучить и осуществить генеральный план строительства наших душ. Только так мы сможем когда-нибудь по-настоящему понять Его Замысел и стать подобными Ему.

Чтобы узнать, кто Он, мы должны внимательно наблюдать за тем, что Он делает, и учиться распознавать Его мысли по Его делам. Каббалисты фор-

Чья реальность является реальностью?

мулируют это очень выразительно: «По делам Твоим мы узнаём Тебя».

Наши желания – материал души – уже существуют. Они даны нам Творцом, и мы должны просто научиться правильно их использовать и облечь верными намерениями. Тогда наши души будут исправлены.

Однако, как говорилось выше, правильные намерения – это намерения альтруистические. Иными словами, нам нужно захотеть, чтобы наши желания использовались на благо другим, а не нам самим. Тем самым мы на самом деле приносим благо себе, поскольку мы все части души Адам Ришон. И хотим мы того или нет, вред, наносимый другим, вернется к нам, подобно бумерангу, который возвращается с той же силой к человеку бросившему его.

Давайте вкратце повторим сказанное выше. Исправленное кли является желанием, использованным с альтруистическими намерениями. И наоборот, неисправленное кли является желанием, использованным с эгоистическими намерениями. Используя кли альтруистически, мы применяем желание так же, как это делает Творец, и таким образом, становимся равными Ему, по крайней мере, в отношении данного конкретного желания. Так мы изучаем Его Замысел.

Итак, единственной проблемой является изменение намерения, с которым мы используем свои желания. Однако для того, чтобы это произошло, мы должны видеть, по меньшей мере, еще один способ их использования. Нам необходим пример того, на что похожи другие намерения или какое ощущение они вызывают. Тогда у нас, хотя бы будет возможность решить, устраивают они нас или нет. Если мы не видим никакого другого способа применения своих желаний, то оказываемся в ловушке тех, что уже имеем. Однако можно ли найти другие намерения в таком состоянии? Что это – западня, или мы что-то упустили?

Каббалисты разъясняют, что мы ничего не упустили. Это ловушка, но не смертельная. Если следовать путем своих решимот, то пример другого намерения проявится сам собой. Теперь давайте рассмотрим, что такое решимот, и как они выводят нас из западни.

Чья реальность является реальностью?

РЕШИМОТ: НАЗАД В БУДУЩЕЕ

Решимот представляют собой, так сказать, воспоминания, записи прошлых состояний. Каждое *решимо* (единственное число от *«решимот»*), которое переживает душа на своем духовном пути, хранится в особом «банке данных».

Когда мы начинаем подъем по духовной лестнице, из этих *решимот* и состоит наш путь. Они вскрываются одно за другим, и мы вновь проживаем их. Чем скорее мы заново переживем каждое *решимо*, тем быстрее исчерпаем его и перейдем к следующему по очереди, которое всегда находится на более высокой ступени лестницы.

Порядок *решимот* нельзя изменить. Он уже предопределен во время нашего нисхождения. Однако мы можем и должны принять решение, что будем делать с каждым из них. Если мы ведем

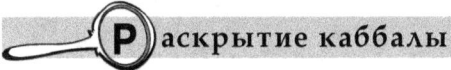

себя пассивно и просто ждем, когда они закончатся, пройдет долгое время, прежде чем мы исчерпаем их до конца. К тому же этот процесс может оказаться весьма болезненным. Потому пассивный подход называется «путь страдания».

С другой стороны, мы можем предпринять активный подход, пытаясь относиться к каждому *решимо* как к «еще одному дню, проведенному в школе», стараясь понять, чему стремится научить нас Творец. Если мы просто помним о том, что наш мир представляет собой результат духовных явлений, этого будет достаточно для невероятного ускорения смены *решимот*. Такой активный подход называется «путь света», поскольку приложенные усилия обеспечивают нам контакт с Творцом, со светом, а не с нашим нынешним состоянием, в случае пассивного поведения.

Наши усилия, фактически, необязательно должны быть успешными – достаточно самого усилия. Усиливая свои желания стать подобными Творцу (альтруистами), мы подключаемся к более высоким, духовным состояниям.

Процесс духовного продвижения очень похож на обучение детей: в основе своей это подражание. Копируя взрослых, дети, даже не зная, что, собственно, те делают, своим постоянным подражанием создают в себе *желание* учиться.

Примечание: дело не в том, будто они считают, что обучение способствует их росту – просто они *хотят знать*. Желания знать бывает достаточно, чтобы пробудить в них следующее *решимо*, то, в котором они уже обладают данным знанием.

Чья реальность является реальностью?

Рассмотрим это под другим углом: первоначально желание знать возникло у ребенка не потому, что таков был его собственный выбор, а потому, что уже открывшееся *решимо* исчерпало себя, заставив следующее по очереди «захотеть», чтобы его познали. Таким образом, чтобы ребенок открыл *решимо*, оно должно пробудить в нем желание узнать, что в нем скрыто.

Именно так духовные *решимот* воздействуют на нас. В действительности, мы не узнаем ничего нового в этом или духовном мирах, а просто карабкаемся назад в будущее.

Желая больше отдавать, подобно Творцу, мы должны постоянно испытывать себя и наблюдать, подходим ли мы под описание того, что считаем духовным (альтруистическим). В этом случае желание стать большими альтруистами поможет нам развить более правильное детальное восприятие самих себя в сравнении с Творцом.

Если мы не хотим оставаться эгоистами, наши желания пробудят те *решимот*, которые покажут нам, что значит, быть более альтруистичными. Всякий раз, когда мы принимаем решение, что не хотим использовать то или иное желание эгоистично, считается, что *решимо* данного состояния выполнило свою задачу и может уйти, освободив место следующему. Только такое исправление от нас и требуется. Бааль Сулам передал этот принцип такими словами: «…возненавидеть эгоизм, уже означает исправить его».

Далее он поясняет: «…если два человека придут к пониманию, что каждый из них ненавидит то же, что и его друг, и любит то же и тех же, что и его друг, между ними установится неразрывная вечная связь. Следовательно, поскольку Творец любит отдавать, те, кто ниже Его, также должны привыкнуть к желанию только отдавать. Но наряду с этим Творцу ненавистно быть берущим, ведь Он целостен и не нуждается ни в чем. Следовательно, человек тоже должен возненавидеть получение ради себя. Из всего сказанного выше следует, что люди должны испытывать жгучую ненависть к желанию получения, поскольку именно от него происходят все беды мира. А такой ненавистью можно его исправить».

Так, одним лишь своим стремлением мы пробуждаем *решимо* более альтруистических желаний, уже существующее в нас с того времени, когда мы были соединены в душе *Адам Ришон*. Эти *решимот* исправляют нас и уподобляют Творцу. Следовательно, желание (*кли*) является одновременно и двигателем изменений, как говорилось в первой части, и средством исправления. Нам нужно не подавлять свои желания, а просто научиться результативно работать с ними на благо себе и другим.

> **Ч**ья реальность является реальностью?

ВЫВОДЫ

Для правильного восприятия нам необходимо учитывать три ограничения:

1. Существует четыре категории восприятия: а) материя, б) форма материи, в) абстрактная форма и г) сущность. Мы воспринимаем только первые две.

2. Все мое восприятие происходит в моей душе. Моя душа – это мой мир, а внешний по отношению ко мне мир является настолько абстрактным, что я даже не могу с уверенностью сказать, существует он или нет.

3. То, что я воспринимаю, принадлежит только мне: я неспособен передать это кому-то еще. Я могу

сообщить другим о своих переживаниях, но когда они испытают то же самое, их переживания будут отличными от моих.

Когда я что-либо постигаю, то оцениваю это и определяю, что оно собой представляет, а результат зависит от качества моих внутренних измерительных приборов. Если они имеют изъяны, такими же будут и сами измерения, а, следовательно, картина мира явится искаженной и незаконченной.

В настоящее время мы оцениваем мир с помощью пяти органов чувств, но для правильной оценки нам необходимо шесть. Именно поэтому мы не способны сделать так, чтобы управление нашим миром было эффективным и радостным для всех.

В сущности, шестое чувство является не физическим чувством, а намерением. Связано оно с тем, как мы используем свои желания. Используя их с намерением отдачи вместо получения, то есть, используя их альтруистично, а не эгоистично, мы постигаем целый новый мир. Именно поэтому новое намерение называется «шестое чувство».

Облекая свои желания альтруистическим намерением, мы делаем их подобными желаниям Творца. Это подобие называется «подобием форм» творения и Творца. Обретение ее дает обладающему восприятие и познания такие же, как у Творца. Именно поэтому только шестое чувство (намерение отдавать) дает возможность, действительно, узнать, как вести себя в этом мире.

Чья реальность является реальностью?

Когда проявляется новое желание, по сути, оно не является таковым – это желание уже было в нас, воспоминание о нем записано в банке данных наших душ – *решимот*. Цепочка *решимот* ведет прямо к верхней ступени лестницы – Замыслу Творения, и чем быстрее мы поднимаемся по ней, тем быстрее и безболезненней достигнем всего, что нам предначертано.

Решимот появляются одно за другим в темпе, который мы задаем своим желанием продвижения к духовности, где они и берут свое начало. Когда мы пытаемся извлечь урок из каждого *решимо*, понять его, оно быстрее исчерпывается и возникает состояние его осознания (которое уже существует). Когда мы реализуем одно *решимо*, вскрывается следующее за ним по очереди, и так продолжается до той поры, когда, наконец, будут выявлены и изучены все *решимот*, и мы достигнем конца исправления.

Часть 6

Узок путь, ведущий к свободе

Узок путь, ведущий к свободе

Возможно, вы удивитесь, узнав о том, что вам известно о каббале уже довольно много. Давайте повторим пройденное. Вы узнали, что каббала зародилась около 5000 лет в Месопотамии (ныне территория Ирака). Она раскрылась, когда люди стали искать смысл жизни. Эти люди обнаружили, что задача, ради осуществления которой мы все рождаемся, состоит в получении высшего наслаждения - стать подобными Творцу. Осознав это, они начали создавать учебные группы и распространять слово мудрости.

Эти первые каббалисты поведали нам о том, что все мы сотворены из желания получать наслаждения, имеющего пять уровней - неживой, растительный, животный, говорящий и духовный. Желание получать является очень важным, поскольку служит побудительным мотивом всякого действия, производимого в этом мире. Иными словами, мы всегда пытаемся получать наслаждение и, чем больше имеем, тем больше желаем. В результате, мы постоянно развиваемся и меняемся.

Затем, мы узнали, что формирование Творения проходило в четыре этапа: Корень (синоним света и Творца) создал желание получать, это желание захотело отдавать, после чего решило использовать получение как способ отдачи и, наконец, снова захотело получать, но на этот раз - обрести знание о том, как стать Творцом, Дающим.

Пройдя эти четыре стадии, желание получать разделилось на пять миров и одну душу, называемую Адам Ришон. Затем, произошло разбиение Адама и его материализация в нашем мире. Другими словами, все мы, в действительности, составляем одну душу, мы связаны и взаимозависимы, как клетки в теле. Однако по мере роста желания получать, мы все больше впадали в эгоцентризм и утрачивали ощущение своего единства. Вместо этого сегодня мы чувствуем лишь самих себя и, даже если вступаем во взаимоотношения с другими, то с единственной целью - получить через них наслаждение.

Такое эгоистичное состояние называется «разбиением души Адам Ришон», и наша задача, как частей этой души, исправить его. По сути, мы не обязаны исправлять его, а должны осознать, что не способны ощутить настоящего удовольствия в своем нынешнем состоянии по закону о желании получать: обретая желаемое, перестаешь его желать. Когда к нам придет это осознание, мы начнем искать выход из ловушки этого закона - западни эгоизма.

Стремление освободиться от эгоизма приводит к пробуждению «точки в сердце» - жажды духовности. «Точка в сердце», подобно любому желанию, увеличивается и уменьшается в зависимости от воздействия окружения. Следовательно, желая усилить свое стремление к духовности, мы должны создать окружение, которое будет способствовать ее развитию. Эта последняя (но самая важная) часть нашей книги расскажет о том, что необходимо сделать для создания соответствующего окружения на личном, общественном и международном уровнях.

Узок путь, ведущий к свободе

ТЬМА ПЕРЕД РАССВЕТОМ

Ночная тьма сгущается перед рассветом. Подобно этому, как отмечали авторы книги «Зоар» почти 2000 лет назад, самое темное время в истории человечества наступит перед его духовным пробуждением. На протяжении веков, начиная с АРИ, автора книги «Древо Жизни», жившего в XVI веке, каббалисты утверждали, что время, о котором говорит книга «Зоар», – это конец XX века. Они называли его «последним поколением».

Каббалисты вовсе не имели в виду, что все мы сгинем в каком-то апокалипсическом величественном катаклизме. В каббале понятие «поколение» предполагает духовное состояние. Последнее поколение – это последнее *наивысшее* состояние, которое только может быть достигнуто. Таким образом, каббалисты утверждали, что пора, в которую мы живем – начало XXI века, станет временем появления поколения, готового к духовному восхождению.

Однако они также говорили, что мы не можем продолжать развиваться, как прежде, если хотим счастливых перемен в будущем. Сегодня, если мы желаем расти, то нам необходим наш сознательный, добровольный выбор.

Появление последнего поколения, поколения добровольного выбора, как любое начинание или рождение, процесс непростой. До последнего времени происходило развитие наших низших желаний (от неживого уровня до говорящего), не затрагивающих духовный. Теперь же духовные *решимот* (духовные гены, если хотите) проявляются в миллионах людей, требуя реализации в реальной жизни.

Когда эти *решимот* проявляются в нас впервые, мы еще не имеем подходящего метода для работы с ними. Они подобны совершенно новой технологии, которую предстоит изучить, прежде чем применять. Значит, в процессе обучения мы продолжаем пользоваться старым мышлением, которое помогало нам осознать желания низшего уровня, одновременно стараясь выявить новое. Неудивительно, что оно не работает и нас охватывает разочарование.

Когда эти *решимот* пробуждаются в человеке, в нем возникает неверие в свои силы, сменяющееся угнетенным состоянием, и так продолжается до тех пор, пока он не поймет, как следует относиться к своим новым желаниям. Это обычно происходит, когда применяется мудрость каббалы, изначальное предназначение которой – справляться с духовными *решимот*, как было описано в первой части.

Если же человек не способен найти решение, он начинает подавлять новые желания и может уйти с головой в работу, приобрести всякого рода дурные привычки, или принимать другие меры, чтобы заглушить проблемы, пытаясь избежать необходимости – учиться справляться с неизлечимой болью.

Подобный кризис может стать причиной неимоверных страданий на личном уровне, но он не кажется достаточно серьезной проблемой, способной нарушить устойчивость социальной структуры. Однако стоит духовным *решимот* одновременно проявиться во многих миллионах людей, особенно, если это произойдет в разных странах, и вот – глобальный кризис налицо. Глобальный же кризис требует глобальных решений.

Совершенно ясно, что сегодня человечество оказалось в такой ситуации. Депрессия в Соединенных Штатах Америки достигла беспрецедентного уровня, да и в других развитых странах картина не намного лучше. В 2001 году по сообщениям Всемирной организации здравоохранения (ВОЗ) «депрессия является основной причиной недееспособности в большинстве стран».

Другой серьезной проблемой современного общества является вызывающее тревогу злоупотребление наркотиками. Наркотики использовались всегда, но в прошлом главным образом в медицине и магии, в то время как теперь их употребление широко распространилось среди молодых людей, пытающихся облегчить охватывающее их чувство опустошенности. Поскольку депрессия усугубляется, возрастает и употребление наркотиков, увеличивая число связанных с ними преступлений.

Еще один аспект кризиса – проблемы семьи. Институт брака всегда был символом стабильности, тепла, защиты, но более не является таковым. По свидетельству Национального центра медицинской статистики каждая вторая супружеская пара проходит через развод, и эти данные справедливы для всего западного мира.

Более того, чтобы принять решение о разводе, парам вовсе не обязательно проходить через тяжелый кризис, связанный с конфликтом. Сегодня даже супруги в возрасте 50-60 лет не могут найти причин для сохранения семьи, когда дети покидают дом. Поскольку их доходы стабильны, они не боятся открыть новую страницу жизни в возрасте, который еще несколько лет назад считался неподходящим для подобных шагов. У нас даже появилось название для этого явления – «синдром опустевшего гнезда». Однако подлинная причина заключается в том, что когда дети покидают родной дом, у супругов не остается ничего, что могло бы удержать их вместе, поскольку они попросту не любят друг друга.

Вот она – настоящая пустота: отсутствие любви. Если вспомнить, что все мы были сотворены эгоистами некой силой, которая желала отдавать, у нас появляется шанс. В конце концов, приложив определенные усилия, мы разрешим данную проблему.

Однако современный кризис уникален не только своим общемировым характером, но и своей многогранностью, что делает его всеобъемлющим и трудно регулируемым. Этот кризис наблюдается, практически, в каждой сфере человеческой деятельности – личной, общественной, международной, в науке, медицине и в климате планеты. Например, еще несколько лет назад тема «погода» была спасеньем для человека, которому нечего было сказать по другому поводу. Сегодня же все мы должны разбираться в климатических тонкостях. Изменение климата, глобальное потепление, повышение уровня воды в морях и начало нового сезона ураганов стали злободневными темами разговоров.

«Большая оттепель» – так иронически назвал состояние планеты Джеффри Лиин в своей статье, опубликованной в «Индепендент» 20 ноября 2005 года. Статья Лиина носит название: «Большая оттепель: глобальная катастрофа произойдет, если ледяные шапки Гренландии растают», в ней есть подзаголовок: «Сейчас ученые говорят, что они исчезают гораздо быстрее, чем ожидалось».

Погода – не единственное бедствие, замаячившее на горизонте. 22 июня 2006 года в журнале «Нейчер» было опубликовано исследование Калифорнийского университета, в котором утверждалось, что в разломе Сан-Андреас накопилось напряжение, достаточное для следующей крупной катастрофы. По словам профессора Юрия Фиалко из океанографического института Скриппса при Калифорнийском университете, «разлом представляет собой значительную сейсмическую угрозу и уже готов послужить толчком к следующему мощному землетрясению».

Конечно же, если нам удастся пережить бури, землетрясения и подъем воды в морях, всегда найдется какой-нибудь местный «Бин Ладен», который напомнит нам о том, что наши жизни могут стать значительно короче, чем мы планировали.

И последнее, но не менее важное: существуют проблемы, связанные со здоровьем человека, которые требуют нашего внимания – СПИД, птичий грипп, коровье бешенство и, конечно же, «старая гвардия» – рак, сердечно-сосудистые заболевания и диабет. Здесь можно упомянуть и многое другое, но вы, возможно, уже уловили суть. Некоторые из перечисленных проблем, связанных со здоровьем человека, не новы, но они упоминаются здесь по причине их распространения по всему земному шару.

Заключение: древняя китайская поговорка гласит: «Когда хочешь кого-то проклясть, скажи: «Желаю тебе жить во времена перемен». Наше время, поистине, таково, но оно является не проклятием, а, как обещано книгой «Зоар», – тьмой перед рассветом. Теперь давайте посмотрим, найдется ли решение проблемы.

Узок путь, ведущий к свободе

ПРЕКРАСНЫЙ МИР В ЧЕТЫРЕХ ШАГАХ

Для изменения мира понадобится сделать четыре шага:
1. Признать наличие кризиса;
2. Выявить его причины;
3. Определить наилучший способ его разрешения;
4. Разработать план его устранения.

1. Признать наличие кризиса

По некоторым причинам многие до сих пор не подозревают о существовании кризиса. Правительства и международные корпорации первыми должны всерьез взяться за дело, но конфликт интересов мешает им объединиться, чтобы успешно справиться с кризисом. Кроме того, большин-

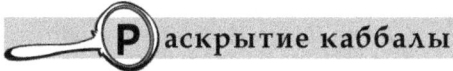

ство из нас до сих пор не чувствует, что сложившаяся ситуация угрожает каждому лично, а потому мы пренебрегаем крайней необходимостью разобраться в ней, пока она не зашла слишком далеко.

Однако самая большая проблема состоит в том, что мы не сохранили воспоминаний о пережитых в прошлом опасных ситуациях. По этой причине мы не способны правильно оценить нынешнюю. Нельзя сказать, что катастрофы не происходили и раньше, но наше время уникально тем, что сегодня они происходят на всех направлениях совершенно неожиданно – в каждом аспекте человеческой жизни и по всему земному шару.

2. Найти причины кризиса

Кризис возникает, когда происходит столкновение двух элементов и победитель навязывает свои правила побежденному. Человеческая натура, или эгоизм, проявляет свою противоположность Природе, или альтруизму. По этой причине многие люди ощущают уныние, подавленность, неуверенность и разочарование. Короче говоря, кризис, в действительности, происходит не снаружи. Даже если он, со всей очевидностью, охватывает определенное физическое пространство, – кризис внутри нас. Кризис представляет собой титаническую борьбу добра (альтруизма) и зла (эгоизма). Печально, что нам приходится изображать «плохих парней» в реальном реалити-шоу. Однако не теряйте надежду: как и в любом зрелище, нас ждет счастливый конец.

3. Определить наилучший способ разрешения кризиса

Чем точнее мы определим скрытую причину кризиса, а именно свой эгоизм, тем лучше поймем, что необходимо изменить в самих себе и своем обществе. Сделав это, мы будем способны ослабить кризис и найти позитивное, конструктивное решение социальных и экологических проблем. Исследуя тему свободы выбора, мы поговорим об этих изменениях более подробно.

4. Разработать план устранения кризиса

Завершив первые три этапа плана, мы можем описать его более детально. Однако даже самый лучший проект не будет иметь успеха без активной помощи ведущих, пользующихся народным признанием организаций. Следовательно, ему должна быть оказана широкомасштабная международная поддержка со стороны ученых, мыслителей, политиков, ООН, а также средств массовой информации и общественных объединений.

По сути, поскольку мы поднимаемся с одного уровня желаний на другой, то все, что сейчас происходит, впервые имеет место на духовном уровне желаний. Если мы будем помнить, что находимся на этой ступени, то сможем использовать познания тех, кто уже установил с ним связь, таким же образом, как используем доступные нам в настоящее время научные данные.

Каббалисты, уже достигшие духовных миров – истоков нашего мира, видят *решимот* (духов-

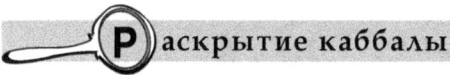

ные корни), вызывающие нынешнее его состояние, и могут указать нам выход из проблем, с которыми мы сталкиваемся. Таким образом, мы легко и быстро справимся с кризисом, поскольку будем знать причины происходящего и необходимые способы преодоления негативных ситуаций. Подумайте об этом так: если бы вам стало известно о существовании людей, способных предсказать результаты завтрашней лотереи, разве вы не захотите оказаться рядом с ними, когда будете делать свои ставки?

Здесь нет никакой магии – одно лишь знание правил игры, происходящей в духовном мире. Если взглянуть на сложившуюся ситуацию глазами каббалиста, никакого кризиса нет, просто мы немного дезориентированы и потому ставим на неверные числа. Когда мы отыщем нужное направление, и разрешение (несуществующего) кризиса окажется делом нетрудным. Как выигрыш в лотерею. Прелесть каббалистических знаний состоит в том, что на них не распространяются авторские права – они являются достоянием каждого.

Узок путь, ведущий к свободе

ПОЗНАЙ ГРАНИЦЫ СВОИХ ВОЗМОЖНОСТЕЙ

> *Боже, дай мне силы изменить в моей жизни то, что я могу изменить, дай мне мужество принять то, что изменить не в моей власти, и дай мне мудрость отличить одно от другого.*
>
> Древняя молитва

С нашей точки зрения мы являемся уникальными и независимо действующими личностями. Таково общепринятое представление. Вообразите, сколько столетий борьбы пережил род человеческий, чтобы, наконец, обрести ограниченную свободу личности, доступную нам сегодня.

Однако мы не единственные, кто страдает от потери свободы. Ни одно создание не покоряется без борьбы. Сопротивление любой форме закабаления – врожденное, естественное качество. Тем не менее, даже признавая, что все создания имеют право на свободу, мы не понимаем ее *реальное* значение, или не видим связи между ней и процессом исправления человеческого эгоизма.

Если мы честно спросим себя, в чем состоит смысл свободы, то, скорее всего, обнаружим, что останутся очень немногие из наших нынешних представлений о ней. Поэтому, прежде чем говорить о свободе, следует узнать, что значит, быть свободным.

Для того чтобы убедиться, понимаем ли мы смысл свободы, надо заглянуть в себя и подумать, способны ли мы совершить хотя бы один свободный волевой поступок. Постоянно возрастающее желание получать непрерывно толкает нас на поиски лучшей и более приятной жизни, но, попав в этот порочный круг, мы лишаемся возможности выбора.

С другой стороны, если желание получать является причиной всех бед, может быть, существует способ взять его «под надзор»? Если мы сумеем это сделать, может быть, нам удастся контролировать и весь процесс? Иначе, при отсутствии такого контроля, игра, похоже, будет проиграна, так и не успев начаться.

Однако если мы проиграем, то кто выиграет? С кем (или чем) мы состязаемся? Мы занимаемся своими делами так, будто внешние события зависят от наших решений. Так ли это в действительности? Не лучше ли оставить попытки изменить свою жизнь и просто поплыть по течению?

С одной стороны, мы только что отмечали, что все природные объекты сопротивляются любому подчинению. С другой стороны, природа не открывает нам, когда мы действуем независимо (если такое вообще возможно), а когда невидимый Кукловод создает в нас видимость свободы.

Более того, если природа живет согласно Общему Замыслу, не являются ли эти вопросы и неопределенность его частью? Возможно, существует скрытая причина, по которой мы должны ощущать потерянность и смятение. Может быть, смятение и разочарование – это способ Кукловода сказать нам: «Эй, посмотрите повнимательней, куда вы все идете, ведь если вы ищете Меня, то делаете это не в том направлении».

Немногие станут отрицать, что мы по-настоящему дезориентированы. Однако для того, чтобы определить свое направление, нам необходимо знать, куда обратить взор. Это поможет сэкономить годы тщетных попыток. Первое, что желательно найти: в чем мы вольны делать свободный и независимый выбор, а в чем нет. Осознав это, мы поймем, на чем следует сосредоточить усилия.

«ПОВОДЬЯ ЖИЗНИ»

Вся Природа подчиняется одному закону – закону наслаждения и страдания. Если единственным материалом Творения является желание получать наслаждения, Природе потребуется лишь одно правило управления: тяга к наслаждению и бегство от страдания.

Люди не являются исключением из правила. Мы следуем заранее установленной схеме, полностью определяющей каждый наш шаг: нам хочется поменьше работать и побольше получать. И чтобы по возможности все доставалось даром! Поэтому что бы мы ни делали, даже если действия наши не осознаны, мы неизменно стараемся выбрать наслаждение и избежать страдания.

Даже, если кажется будто мы жертвуем собой, в действительности, эта жертвенность в тот момент

Узок путь, ведущий к свободе

доставляет нам гораздо большее удовольствие, чем любой другой выбор. Причина, по которой мы обманываем себя, думая, будто руководствуемся альтруистическими мотивами, заключается в том, что нам приятнее обманываться, чем говорить себе правду. Как некогда сказала Агнесс Реплиер: «Никакая нагота не вызывает такого протеста, как обнаженная истина».

В третьей части мы говорили о том, что вторая стадия предполагает отдачу, даже если здесь присутствует то же самое желание получать, что на первой стадии. Что ж, в этом и кроется корень всех «альтруистических» действий направленных на «отдачу» друг другу.

Мы видим, что все наши действия обусловлены «расчетом на прибыль». Например, я сравниваю стоимость покупки с предполагаемой выгодой от его приобретения. Если я считаю, что удовольствие (или отсутствие страдания) от обладания этим предметом будет превышать цену, которую мне придется заплатить, то велю своему «внутреннему брокеру»: «Покупай! Покупай! Покупай!»

Мы можем сменить приоритеты, усвоить иные представления о добре и зле и даже «натренировать» бесстрашие. Более того, можно представить цель настолько важной, чтобы все трудности на пути к ее достижению показались нам незначительными, несерьезными.

Например, если меня интересует положение в обществе и хорошие доходы, связанные с деятельностью знаменитого врача, я буду стараться, упорно трудиться на протяжении нескольких лет в

медицинском институте, еще несколько лет страдать от недосыпания в интернатуре в надежде на известность и богатство в будущем.

Порой, заплатить страданием в настоящем за грядущий успех кажется настолько естественным, что мы не замечаем, как делаем это. Например, если, тяжело заболев, я узнаю, что спасти мою жизнь может только хирургическое вмешательство, то с радостью соглашусь на операцию. Даже если сама операция может казаться весьма неприятной и рискованной, она не столь опасна, как болезнь. В некоторых случаях люди даже готовы заплатить значительную сумму, чтобы пройти через такое тяжелое испытание.

Узок путь, ведущий к свободе

ИЗМЕНИТЬ СЕБЯ, ИЗМЕНЯЯ ОБЩЕСТВО

Природа не только «приговорила» нас к постоянному бегству от страданий и непрерывной погоне за наслаждениями, но и лишила способности определять, каких наслаждений нам хочется. Иными словами, мы не можем контролировать свои желания, и они выскакивают без предупреждения, не спрашивая нашего мнения.

Вместе с тем, природа, создав наши желания, предоставила нам и средство контроля над ними. Если все мы помним, что являемся частицами одной души – души *Адам Ришон*, нам не трудно увидеть: контролировать собственные желания можно, воздействуя на всю душу, что означает, на все человечество или, по крайней мере, на его часть.

Давайте посмотрим на это таким образом: если одна клетка хочет пойти налево, а все тело направо, клетке тоже придется пойти направо. Если только ей не удастся убедить все тело, или подавляющее большинство клеток, или «правительство» тела в том, что лучше пойти налево.

Итак, несмотря на то, что мы не можем взять под контроль свои желания, общество способно контролировать их и делает это. Поскольку мы в состоянии контролировать свой выбор общества, то можем избрать такое, которое окажет на нас наилучшее, по нашим представлениям, воздействие. Проще говоря, можно использовать влияние общества для проведения проверки собственных желаний. Контролируя желания, мы будем контролировать свои мысли и, наконец, действия.

Книга «Зоар» почти две тысячи лет назад уже описала важную роль окружения. Однако с XX века, когда стало очевидно, что мы зависим друг от друга в вопросах выживания, эффективное применение этой нашей несамостоятельности стало жизненно значимым для духовного продвижения. Первостепенная важность общества – вот весть, которую каббалист Йегуда Ашлаг старается донести до нас во многих своих очерках, и если мы проследим за этой мыслью, то поймем, почему это так.

Йегуда Ашлаг говорит, что величайшее желание каждого, признает он это или нет, – быть любимым другими и завоевать их одобрение. Это не только дает нам чувство уверенности в себе, но и укрепляет наше самое драгоценное достояние –

наш эгоизм. Когда мы не встречаем одобрения общества, нам кажется, что оно отрицает само наше существование, а это невыносимо для любого эго. Вот почему люди порой идут на крайности, чтобы снискать внимание окружающих.

Поскольку наше величайшее желание – завоевать одобрение общества, нам приходится приспосабливаться к законам своего окружения (и принимать их на вооружение). Эти законы определяют не только наше поведение, но поступки и отношение ко всему, что мы делаем, о чем думаем.

Эта ситуация делает нас неспособными что-либо выбрать – от образа жизни до интересов, способов проведения досуга и даже пищи, которую мы едим, и одежды, которую носим. Более того, даже делая выбор, одеваться вопреки моде, или не считаясь с ней, мы стараемся выказывать равнодушие к *определенным социальным правилам,* которыми предпочли пренебречь. Иными словами, если бы моды, которую мы предпочли проигнорировать, не существовало, нам не пришлось бы этого делать, и тогда мы, вероятно, избрали бы другой стиль одежды. В конечном итоге, единственный путь изменить нас самих – это изменить социальные нормы нашего окружения.

ЧЕТЫРЕ ФАКТОРА

Если мы являемся не более, чем продуктом окружающей среды, и если мы реально не свободны в своих поступках и мыслях, можем ли мы отвечать за свои действия? Если отвечаем за это не мы, то кто?

Чтобы ответить на эти вопросы, нам необходимо сначала понять четыре фактора, из которых мы состоим, и как мы должны работать с ними, чтобы обрести свободу выбора. Согласно каббале, все мы испытываем на себе воздействие четырех факторов:

1) «основы», также называемой «первичной материей»,

2) неизменных качеств основы,

3) качеств, изменяющихся под воздействием внешних сил,

4) изменений во внешнем окружении.
Давайте посмотрим, какое значение имеет для нас каждый из них.

Основа, первичная материя

Наша неизменная сущность называется «основа». Я могу быть счастливым или грустным, задумчивым, сердитым, нелюдимым или общительным. Однако в любом настроении, в любом обществе основа моего «я» всегда остается неизменной.

Для того чтобы понять идею четырехфазного состояния, представим себе рост и увядание растений. Возьмем, например, пшеницу. Разлагаясь в земле, пшеничное зерно полностью теряет свою форму, но несмотря на это, из него может вырасти только новый пшеничный побег и ничто другое. Это происходит оттого, что основа осталась неизменной, сущность зерна навсегда остается сущностью пшеницы.

Неизменные качества основы

Так же как основа остается неизменной, а пшеничное зерно всегда дает жизнь новому пшеничному зерну, не меняется и способ развития пшеницы. Одно растение может произвести на свет несколько себе подобных в новом жизненном цикле, количество и качество новых растений могут изменяться, но сама их основа, сущность изначальной формы пшеницы останется неизменной.

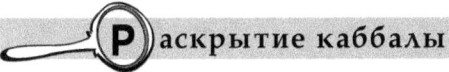аскрытие каббалы

Проще говоря, никакое другое растение не может вырасти из пшеничного зерна, кроме пшеницы, и все растения этого семейства будут всегда развиваться по одному принципу – начиная с того момента, когда зерно дает побег, и до того, когда наступает пора увядания.

Подобно этому, последовательность развития всех человеческих детей – едина, благодаря чему нам известно (более или менее), когда у ребенка должны начать проявляться определенные способности, когда он может начать есть ту или иную пищу. Не имея такой четкой модели, мы не смогли бы построить диаграмму роста человека. Это справедливо по отношению ко всякому другому объекту.

Качества, изменяющиеся под воздействием внешних сил

При том, что зерно остается зерном все того же растения, его признаки могут изменяться в результате воздействия окружающей среды, например, освещения, состава почвы, удобрений, влажности... Следовательно, в то время как пшеница по-прежнему остается пшеницей, ее «упаковка», свойства ее сущности могут видоизменяться под воздействием внешних факторов.

Так, наше настроение меняется в обществе других людей или в различных ситуациях, при том что мы сами (наша основа), остаемся прежними.

Иногда, длительное воздействие окружающей среды может изменить не только наше настроение, но и характер. Такие новые качества создаются вовсе не окружением просто пребывание в обществе определенного рода людей активизирует соответствующие стороны нашей натуры.

Изменения во внешнем окружении

Окружающая среда, воздействующая на зерно, в свою очередь, подвергается влиянию внешних факторов, таких как климат, качество воздуха и соседство других растений. Именно поэтому люди сажают растения в теплицах и искусственно удобряют почву, стараясь создать наилучшую для их роста среду.

В человеческом обществе мы постоянно изменяем свое окружение: рекламируем новые продукты, избираем правительства, посещаем разные учебные заведения, проводим время с друзьями. Следовательно, для контроля над собственным ростом нам необходимо научиться контролировать и группы людей, с которыми мы проводим время, и что самое важное, тех, кого уважаем. Именно эти люди оказывают на нас наибольшее влияние.

Если мы стремимся исправиться – стать альтруистами, нам необходимо знать, какие социальные перемены способствуют этому и довести их до конца. При помощи этих последних факторов –

изменений во внешнем окружении – мы формируем свою сущность, изменяем качества своей основы, а, следовательно, определяем собственную судьбу.

Выбор правильного окружения для исправления

Даже если мы не можем выбрать качества своей основы, то все же способны воздействовать на собственную жизнь и судьбу, избирая для себя конкретную социальную среду. Другими словами, поскольку окружение влияет на качества основы, мы можем определять собственное будущее, создавая окружение, которое будет способствовать нам в достижении поставленных целей.

Как только я определил свое направление и создал окружение, которое будет стимулировать мое продвижение к цели, у меня появляется возможность использовать общество как усилитель своего развития. Если, к примеру, мне хочется денег, я должен окружить себя людьми, которые стремятся к ним, говорят о них и упорно трудятся ради их получения. Все это будет вдохновлять меня на такой же упорный труд и направит мои мысли в сферу достижения финансового успеха.

Вот еще один пример. Если я страдаю от излишнего веса и хочу похудеть, самый простой способ добиться этого – окружить себя людьми, которые думают, говорят об этом и вдохновляют друг друга сбросить вес. В действительности, я могу сделать даже больше, чем просто окружить себя людьми, которые создадут нужную среду: книги, фильмы, журнальные статьи помогут усилить влияние этого окружения. Годятся любые средства, усиливающие и поддерживающие мое желание снизить вес.

Таковы правила среды. Общества анонимных алкоголиков и «весонаблюдателей», исправительные заведения для наркоманов – все они используют силы окружения для оказания помощи тем людям, которые не способны помочь себе сами. Правильно пользуясь своим окружением, можно достичь всего, о чем мы и мечтать не смели. Что самое лучшее: мы даже не почувствуем, что совершаем какое-то усилие.

Раскрытие каббалы

ПТИЦЫ ОДНОЙ ПОРОДЫ

В первой части мы говорили о принципе «подобия форм». Этот же принцип применим здесь, только на физическом уровне. Похожим людям хорошо вместе, поскольку их желания и мысли одинаковы. Известно, что птицы одного вида сбиваются в стаи. Можно запустить и обратный процесс. Выбрав себе «стаю», мы можем определить, какими «птицами» станем в конечном итоге.

Стремление к духовности не является исключением. Если я стремлюсь обрести ее и хочу усилить это желание, мне нужно только окружить себя подходящими друзьями, книгами и фильмами. Остальное доделает человеческая природа. Если группа людей принимает решение уподобиться Творцу, ничто не может помешать им, даже Сам Творец. Каббалисты называют это «Победили Меня сыновья Мои».

Узок путь, ведущий к свободе

Однако почему же мы не видим погони за духовностью? Что ж, здесь есть небольшая помеха: *нельзя почувствовать духовность, пока ее не обретешь*. Проблема заключается в том, что, не видя и не ощущая цели, очень трудно по-настоящему желать ее, а мы уже понимаем, как трудно достичь чего-либо, не испытывая к этому огромного желания.

Подумайте об этом следующим образом: все наши устремления в этом мире возникают в результате некоего внешнего воздействия. Если мне нравится пицца, то, исключительно, потому, что друзья, родители, телевидение говорили мне, как она хороша. Если мне хочется стать юристом, то, исключительно, потому, что в обществе принято считать эту профессию очень престижной и высокооплачиваемой.

Однако разве найдется в социуме кто-то или что-то, чтобы рассказать мне, как прекрасно стать подобным Творцу? Более того, если такое желание не свойственно обществу, откуда же оно появится у меня? Может ли оно возникнуть ниоткуда?

Нет, ниоткуда не может, оно возникает из *решимот*. Это воспоминание о будущем. Позвольте пояснить. Еще в четвертой части говорилось, что *решимот* представляют собой записи, воспоминания, отпечатавшиеся в нас, когда мы находились на более высоких ступенях духовной лестницы. Эти *решимот* лежат в нашем подсознании и выходят на поверхность одно за другим, вызывая новые, или более сильные желания по сравнению с предыдущими. Более того, поскольку все мы когда-то находились на более высоких ступенях духовной лестницы, то все испытают пробуждение желания вернуться в эти духовные состояния, когда придет время пережить их – на духовном уровне желаний.

Поэтому не следует спрашивать: «Как могло случиться, что я желаю того, что не представлено в моем окружении?» Вопрос должен звучать так: «Поскольку у меня есть это желание, как мне использовать его с максимальной пользой?» Ответ же прост: относитесь к нему так же, как вы относились бы ко всякому другому объекту ваших устремлений – думайте, говорите, читайте, пойте о нем. Делайте все возможное, чтобы повысить его ценность, и ваше продвижение ускорится пропорционально этому.

В книге «Зоар» рассказана вдохновляющая (и правдивая) история о мудреце по имени рабби Йоси бен-Кисма – величайшем каббалисте своего времени. Однажды богатый купец из другого города подошел к нему и предложил рабби переехать в этот город, открыть там духовную школу для местных искателей мудрости. Купец объяснил, что в его городе нет мудрецов, а нужда в них велика. Нечего и говорить о том, что он пообещал рабби Йоси щедро позаботиться обо всех его личных и связанных со школой нуждах.

К великому изумлению богача рабби Йоси наотрез отказался, заявив, что ни при каких обстоятельствах не переедет в такое место, где нет других мудрецов. Обескураженный купец пытался возражать и выдвинул довод, что рабби Йоси –

величайший мудрец своего поколения, которому нет нужды у кого-нибудь учиться.

«Кроме всего прочего, – сказал купец, – переезд в наш город и обучение людей, живущих в нем, будет с вашей стороны великим духовным служением, ведь здесь уже есть огромное количество мудрецов, а у нас нет ни одного. Вы внесете значительный вклад в духовность всего нынешнего поколения. Может быть, великий учитель хотя бы подумает над моим предложением?»

На это рабби Йоси твердо ответил: «Даже мудрейший вскоре утратит мудрость, живя среди глупцов». Дело не в том, что рабби не хотел помочь согражданам купца, просто он знал, что, не имея соответствующего окружения, он потеряет вдвойне – не сможет просветить своих учеников и утратит собственный духовный уровень.

НИКАКИХ АНАРХИСТОВ

Предыдущий раздел мог навести вас на мысль, что каббалисты – анархисты, жаждущие нарушить общественный порядок, содействуя построению духовно-ориентированных сообществ. Нет ничего более далекого от истины.

Йегуда Ашлаг разъясняет весьма недвусмысленно, и это подтвердит любой социолог и антрополог, что человеческие существа – создания общественные. Другими словами, у нас нет иного выбора, кроме как жить в социуме, поскольку мы являемся частицам общей души. Из этого следует, что мы должны подчиняться законам того общества, в котором живем, и заботиться о его благополучии. Единственный способ достичь этой цели – неукоснительно придерживаться его правил.

Узок путь, ведущий к свободе

Однако наряду с этим Бааль Сулам утверждает, что в любой ситуации, не связанной с обществом, оно не имеет никаких прав или оправданий ограничивать свободу личности. Бааль Сулам заходит настолько далеко, что называет тех, кто делает это, преступниками, и заявляет, что природа не обязывает человека подчиняться воле большинства, когда дело касается вопросов духовного продвижения. Напротив, духовный рост является личной обязанностью всех и каждого из нас. Развиваясь, мы исправляем не только свою собственную жизнь, но и жизнь всего мира.

Очень важно понять различия между обязанностями перед обществом, в котором мы живем, и ответственностью за личный духовный рост. Зная, где провести черту и как способствовать и тому, и другому, мы избавимся от многих недоразумений и ложных представлений о духовности. Правила жизни должны быть простыми и ясными: в повседневной жизни мы подчиняемся нормам, установленным законом, а в духовной – свободны развиваться индивидуально. Оказывается, личной свободы можно добиться, только, встав на путь духовного развития, в которое не должны вмешиваться другие люди.

СМЕРТЬ ЭГОИЗМА НЕИЗБЕЖНА

Любовь к свободе - это любовь к людям, любовь к власти - это себялюбие.

УИЛЬЯМ ХЭЗЛИТТ
(1778-1830)

Давайте на минуточку отвлечемся и еще раз обратимся к основам Творения. Единственное создание Творца – это наше желание получать, наш эгоизм. Такова наша сущность. Научившись «дезактивировать» свой эгоизм, мы восстановим связь с Творцом, поскольку только себялюбие мешает нам вновь обрести форму, эквивалентную Его форме, существующей в духовных мирах. Устранение эгоизма – это начало нашего восхождения по духовной лестнице, начало процесса исправления.

По иронии природы люди, потворствующие своим эгоистическим страстям, не могут быть счастливы. На это есть две причины: 1) как разъяснялось в первой части, эгоизм – это «ловушка»:

получив желаемое, перестаешь его хотеть; 2) эгоистическое желание влечет за собой не только удовлетворение собственных прихотей человека, но и неудовлетворенность других людей.

Чтобы лучше понять вторую причину, необходимо вернуться к основам. Первая из четырех стадий распространения света предполагает одно только желание получать наслаждения. Вторая стадия уже более сложна и характеризуется желанием получать наслаждение от отдачи, поскольку отдача является состоянием Творца. Если развитие человека остановилось на первой стадии, он будет испытывать удовлетворение в ту же минуту, как только исполнится его желание, и не будет заботиться о том, что имеют другие.

Вторая стадия – желание отдавать – побуждает нас замечать людей, которым мы могли бы отдавать. Однако поскольку наше базовое желание направлено на получение, глядя на других, мы видим лишь то, что «они имеют то, чего нет у меня». Вторая стадия предполагает постоянное сравнение себя с другими, а первая с ее желанием получать – допускает стремление возвыситься над ними.

Между прочим, именно поэтому прожиточный минимум разных стран не одинаков. Словарь Вебстера определяет прожиточный минимум как «уровень доходов человека или семьи, ниже которого начинается бедность, в соответствии со стандартами, принятыми правительством страны».

Если бы все вокруг меня были бедны, подобно мне, я не чувствовал бы себя бедняком. Если бы все вокруг меня были богаты, а мой доход был средним, я чувствовал бы себя самым бедным человеком на Земле. Иными словами, наши нормы складываются из сочетания первой стадии (что мы хотим иметь) и второй стадии (наше желание определяется тем, что имеют другие).

По сути, желание отдавать, вместо того, чтобы стать гарантией того, что наш мир может быть хорошим местом для жизни, в действительности, является причиной всего зла, которое в нем есть. В этом и заключается сущность нашей испорченности. Следовательно, все необходимое исправление состоит в замене намерения получать на намерение отдавать.

ЛЕЧЕНИЕ

Никакое желание, никакое качество не являются порочными по своей природе, все зависит от того, как мы их используем. Древние каббалисты говорили: «Зависть, вожделение и гордыня уводят человека из мира», – что означает «из нашего мира в духовный мир».

Как же так? Мы уже отмечали, что зависть ведет к стремлению вырваться вперед, а оно является двигателем прогресса. Зависть дает гораздо более значительный результат, чем технические и другие материальные достижения. Во вступлении к книге «Зоар» Йегуда Ашлаг отмечает, что люди могут чувствовать друг друга и потому ощущать нехватку того, что есть у других. Поскольку они исполнены зависти и хотят всего, что имеют другие, чем больше они имеют, тем большую опустошенность ощущают. В конечном итоге, им хочется «поглотить» весь мир.

В результате, зависть приводит человека к тому, что он не может довольствоваться ничем, кроме Самого Творца. Однако здесь Природа снова подшутила над нами: Творец – это желание отдачи, альтруизм. Хотя мы сначала и не осознаем этого, желая занять место водителя и стать творцами, мы, в действительности, жаждем стать альтруистами. Так, благодаря зависти – самому коварному и вредному качеству – наш эгоизм приговаривает себя к смерти, подобно тому, как рак уничтожает приютивший его организм, пока сам не погибает вместе с разрушенным им телом.

Мы снова можем отметить важность создания правильного социального окружения, ведь если мы вынуждены завидовать, то, по крайней мере, делать это следует *конструктивно*, то есть, завидовать тому, что приведет нас к исправлению.

Справедливое, счастливое общество не может полагаться на контролируемый или «направляемый в нужное русло» эгоизм. Мы можем пытаться сдерживать его правилами закона, но это срабатывает лишь до тех пор, пока ситуация не становится слишком жесткой.

Вот как описывают эгоизм каббалисты: эгоизм подобен человеку с мечом, на острие которого – капля чарующе ароматного, но смертельного зелья. Человек знает, что это губительный яд, но ничего не может с собой поделать. Он открывает рот, слизывает зелье с острия и глотает...

Узок путь, ведущий к свободе

Нечто подобное наблюдалось в Германии – там существовала демократия, пока демократическим путем не был избран Адольф Гитлер. Можно также попытаться направлять эгоизм на служение обществу, но такой эксперимент уже проводился с коммунизмом в России, и имел печальный финал.

Даже Америка, страна свободы использования возможностей и капитализма, не сумела сделать своих граждан счастливыми. Согласно информации, опубликованной в «Нью-Ингланд Джорнал ов Медисин», «ежегодно более 46 миллионов американцев в возрасте от 15 до 54 лет страдают приступами депрессии». В «Аркайвз ов Дженрэл Сайкаэтри» объявлено: «Применение сильнодействующих антидепрессантов при лечении детей и подростков… возросло более чем в пять раз в период между 1993 и 2002 годами», – как явствует из публикации «Нью-Йорк Таймс» от шестого июня 2006 года.

В завершение можно сказать, что, пока эгоизм одерживает верх, общество останется несправедливым и будет так, или иначе обманывать ожидания своих граждан. В конечном итоге, все общества, основанные на эгоизме, изживут себя вместе с породившим их эгоизмом. Нам только нужно постараться, чтобы это произошло как можно скорее и безболезненней, ради всеобщего блага.

СОКРЫТИЕ

Каббалисты называют отсутствие ощущения Высшей силы «сокрытием лика Творца». Это сокрытие создает иллюзию свободы выбора между нашим миром и (духовным) миром Творца. Если бы смогли видеть Его, по-настоящему ощущать преимущества альтруизма, то, несомненно, предпочли бы Его мир нашему, поскольку мир Творца – это мир отдачи и наслаждения.

Однако в силу того, что мы *не* видим Творца, то и не следуем Его правилам, даже постоянно нарушаем их. В действительности, если бы мы и знали эти правила, но не видели страдания, которое навлекаем на себя, нарушая их, то, скорее всего, продолжали бы их нарушать, поскольку считали бы, что оставаться эгоистами гораздо интереснее.

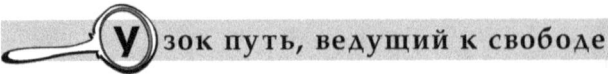

Узок путь, ведущий к свободе

Ранее, в разделе «Поводья жизни» настоящей части упоминалось о том, что вся Природа подчиняется одному закону – закону наслаждения и страдания. Иными словами, все, что мы планируем, предназначается либо облегчить наши страдания, либо усилить наслаждения. В этом мы несвободны. Поскольку нам не ведомо, что эти силы управляют нами, мы считаем себя свободными.

Барух Ашлаг, сын Йегуды Ашлага и сам великий каббалист, записывал слова, услышанные от своего отца. Эти записи впоследствии были опубликованы отдельной книгой под названием «Услышанное» («Шамати»). В одной из заметок поставлен вопрос: если мы созданы Высшей силой, то почему не ощущаем ее? Почему она скрыта? Ведь если бы мы знали, чего она хочет от нас, то не стали бы совершать ошибок и не страдали бы от наказаний.

Какой простой и радостной стала бы жизнь, если бы Творец явил Себя! Мы не сомневались бы в Его существовании и смогли бы, все поголовно, признать Его власть над нами и миром в целом. Мы познали бы причину и цель нашего создания, наблюдали бы за Его реакциями на наши поступки, общались бы с Ним и просили совета, прежде чем совершить какое-либо действие. Какой прекрасной и легкой была бы жизнь!

Барух Ашлаг завершает свою мысль логически вытекающим из всего сказанного выводом: единственным стремлением в жизни следует избрать желание раскрыть Творца.

Раскрытие каббалы

Однако для обретения реальной свободы нам сначала необходимо избавиться от поводьев закона «наслаждения-страдания». В силу того, что именно наш эгоизм указывает нам, что приносит наслаждения, а что – страдания, мы обнаруживаем: чтобы стать свободными, нам следует сначала освободиться от своего эгоизма.

УСЛОВИЯ СВОБОДНОГО ВЫБОРА

По иронии судьбы, истинная свобода выбора возможна только при условии сокрытия Творца. Это происходит потому, что, предпочитая один из возможных вариантов, наш эгоизм не оставляет нам иного выбора, кроме как добиваться желаемого. В таком случае, даже если мы выбираем отдачу, это будет отдача ради получения, или эгоистическая отдача. Для того чтобы поступок был по-настоящему альтруистическим и духовным, его ценность должна быть скрыта от нас.

Если не забывать, что весь смысл существования творения состоит в финальном освобождении от эгоизма, направление наших действий всегда будет верным – ведущим к Творцу. Следовательно, если нам предоставлены две возможности, и мы не знаем, какая из них принесет больше удовольствия (или причинит меньше страданий), это значит, что нам, действительно, дается шанс сделать выбор по собственной свободной воле.

Если эго не видит, какой выбор предпочтительней, можно сделать его, руководствуясь различными системами ценностей. Например, можно спросить себя: что позволит больше отдать, а не что принесет больше удовольствия. Если мы дорожим отдачей, это будет легко сделать.

Можно быть либо эгоистом, либо альтруистом, либо думать о себе, либо о других. Другого выбора нет. Свобода выбора существует, когда обе возможности явственно видны и в равной степени привлекательны (или непривлекательны). Если же я смогу увидеть только одну возможность, мне придется реализовать ее. Итак, свобода выбора возможна при понимании человеком собственной природы и природы Творца. Лишь при том условии, что мне неизвестно, что принесет больше наслаждение, я смогу сделать по-настоящему свободный выбор и нейтрализовать свой эгоизм.

СВОБОДНЫЙ ВЫБОР

Первый принцип духовной работы – «вера выше знания». Поэтому прежде чем говорить об осуществлении свободного выбора, следует разъяснить каббалистические термины «вера» и «знание».

ВЕРА

Практически, в любой религии или системе убеждений на Земле словом «вера» обозначается средство компенсации неспособности человека увидеть и постичь что-либо. Другими словами, не видя Бога, мы должны *верить* в Его существование. В этом случае мы компенсируем свою неспособность Его увидеть. Такое явление называется «слепая вера».

Однако вера используется как компенсация не только в религии, но и во всем, что мы делаем. Откуда, например, нам известно, что Земля круглая? Разве мы летали в космос, чтобы самостоятельно убедиться в этом? Мы верим ученым, которые говорят нам о ее шарообразной форме, потому что считаем их людьми, заслуживающими доверия, проверившими все, о чем заявляют. Мы верим им; это и есть вера. Слепая вера.

Итак, не имея возможности увидеть самим, мы используем веру, чтобы восполнить отсутствующие части картины. Однако эта информация не является убедительной и надежной – это просто слепая вера.

В каббале верой называется нечто прямо противоположное только что описанному. Вера для каббалистов – ощутимое, живое, полное восприятие Творца, закона, управляющего жизнью. Следовательно, единственный способ обрести веру в Творца – стать в точности таким же, как Он. Иначе, откуда нам, охваченным сомнениями, знать, Кто Он Такой или что Он вообще существует?

ЗНАНИЕ

Толковый словарь предлагает три определения слова «знание» (Словарь русского языка, М., «Русский язык», 1981): 1) обладание какими-либо сведениями, осведомленность в какой-либо области; 2) сведения, познания в какой-либо области; 3) проверенный практикой результат познания действительности, ее верное отражение в сознании человека.

В качестве синонимов можно в числе других рассматривать следующие определения к слову «знания»: рассудок, интеллект, ум и логика.

Теперь давайте прочитаем пророческие слова каббалиста Баруха Ашлага, объясняющие нам, почему необходимо *подняться* над знанием:

«*Желание получать было создано потому, что цель Творца - нести добро Его созданиям, а для* этого необходим сосуд для получения наслаждения. Кроме того, невозможно ощутить наслаждение, если в нем нет нужды, поскольку без определенной нужды никакое наслаждение не ощущается.

Это желание получать является духовным образом Человека (Адама), которого создал Творец. Когда мы говорим, что человеку будет даровано вечное наслаждение, то имеем в виду желание получать, которое примет все наслаждения, запланированные Творцом для передачи ему.

Желанию получать были даны слуги, чтобы служить ему. Эти слуги - руки, ноги, зрение, слух и т.д. Все они рассматриваются как слуги человека. Иными словами, желание получать - хозяин, а органы его слуги.

Как обычно бывает, среди них есть дворецкий, который надзирает за хозяйской прислугой, чтобы они трудились ради желанной цели доставить наслаждение, поскольку именно этого хочет хозяин (желание получать).

Если же один из слуг отсутствует, наслаждение, связанное с ним, тоже отсутствует. Например, если человек глух, он не способен наслаждаться музыкой. Если же утрачено обоняние, он не способен наслаждаться ароматом духов.

Если же отсутствует мозг (надсмотрщик), который подобен десятнику, надзирающему за рабочими, все дело пойдет насмарку, а хозяин понесет убытки. Если у кого-то есть собственная фирма, в которой работает много сотрудников, но нет хорошего управляющего, он может разориться вместо того, чтобы извлечь прибыль.

Однако даже если нет управляющего (знания), хозяин (желание получать) присутствует. Даже если управляющий умер, хозяин продолжает жить. Они могут быть не связаны между собой».

Оказывается, если мы хотим одержать победу над желанием получать и стать альтруистами, нам следует сначала одолеть его «начальника штаба» – наше собственное знание. Следовательно, формула «вера выше знания» означает, что вера – становление точным подобием Творца – должна быть выше (важнее) знания – нашего эгоизма.

Способ достижения этой цели имеет два аспекта: на личном уровне – это учебная группа и круг друзей, которые помогают создать окружение, провозглашающее духовные ценности, а на коллективном уровне требуется, чтобы все общество училось уважать духовные ценности.

Узок путь, ведущий к свободе

В ДВУХ СЛОВАХ

Все, что мы делаем в жизни, определяется принципом наслаждение-страдание: мы избегаем страданий и гонимся за наслаждениями, считая при этом, что, чем меньше приходится трудиться ради получения удовольствий, тем лучше!

Принцип наслаждения-страдания – производная от желания получать, а это желание контролирует все, что мы делаем, поскольку является нашей сущностью. Следовательно, мы можем считать себя свободными, а на самом деле нами управляют поводья жизни – наслаждение и страдание, которые держит в своих руках наш эгоизм.

Четыре фактора определяют, кем мы являемся:
1) основа;
2) неизменные качества основы;

3) качества, изменяющиеся под воздействием внешних сил;

4) изменения во внешнем окружении.

Мы способны воздействовать только на последний фактор, но именно он может влиять на все остальные.

Следовательно, единственный имеющийся у нас способ принять решение, кем быть, – выбрать последний фактор, который позволит нам осуществлять контроль и менять свое внешнее окружение. Поскольку изменения последнего фактора влияют на все другие факторы, внося в него изменения, мы изменяем себя. Если нам хочется избавиться от эгоизма, необходимо изменить внешнее окружение на такое, где поддерживается альтруизм, а не эгоизм.

Как только мы освободимся от желания получать, от оков эгоизма, станет возможным наше продвижение к духовности. Для этого следует руководствоваться принципом «вера выше знания».

«Вера» в каббале обозначает совершенное восприятие Творца. Можно обрести веру, став равным Ему по своим качествам, желаниям, намерениям и мыслям. Термин «знание» относится к интеллекту, «надсмотрщику» над нашим эгоизмом. Чтобы подняться над ним, необходимо сделать равенство Творцу более важным, более ценным для нас, чем любое эгоистическое наслаждение, какое только можно себе вообразить.

На личном уровне мы усиливаем значение Творца (альтруизма) с помощью книг (или других видов информационных средств), друзей и учителя, который демонстрирует нам предпочтение отдачи. На уровне общества мы стараемся внедрять более альтруистические ценности.

Тем не менее (и это является непременным условием успешного изменения), усвоение альтруистических ценностей *не должно* производиться только для того, чтобы наша жизнь в этом мире стала более приятной. Его целью *должно* стать приведение наших личностей и обществ в равновесие с природой, а значит, с единственным законом реальности – законом альтруизма – с Творцом.

Когда мы, как личности и как общество, создаем для себя такую окружающую среду, наши ценности постепенно заменяются ценностями нашего окружения, и тогда происходит естественная, легкая и приятная замена нашего эгоизма альтруизмом.

Приложения

Михаэль Лайтман

Михаэль Лайтман (философия PhD, биокибернетика MSc) - профессор онтологии и теории познания, всемирно известный ученый-исследователь в области классической каббалы, основатель и руководитель Международной академии каббалы.

М. Лайтман родился в 1946 г., в г. Витебск (Беларусь). В 1970 году окончил Ленинградский политехнический институт, по специальности "Биологическая и медицинская кибернетика". В рамках обучения проводил учебную исследовательскую работу в Институте исследования крови, специализировался по электромагнитному регулированию кровоснабжения сердца и мозга. С 1973 г. живет в Израиле, женат, имеет троих детей.

В 1978 г. научные исследования привели М. Лайтмана к изучению древней науки каббала. Он стал учеником каббалиста Б.Ашлага (1907-1991), сына и последователя величайшего каббалиста XX в. Й.Ашлага (1884-1954), автора комментария "Сулам" (Лестница) на книгу "Зоар" (по названию этого труда он получил имя - Бааль Сулам).

Михаэль Лайтман - автор более 40 книг, изданных на шестнадцати языках, член

Приложения

Всемирного Совета Мудрости - собрания ведущих ученых и общественных деятелей, занимающихся решением глобальных проблем современной цивилизации.

Раскрытие каббалы

МЕЖДУНАРОДНАЯ АКАДЕМИЯ КАББАЛЫ

Международная академия каббалы (МАК) основана в 2001 году профессором Михаэлем Лайтманом с целью распространения каббалистических знаний во всем мире для повышения духовного уровня человечества. Основная цель организации: изучение и раскрытие законов мироздания, постижение которых приведет к решению как личных проблем каждого человека, так и глобальных проблем всего общества. Филиалы Академии открыты в 52 странах мира.

Основные виды деятельности МАК

Выпуск учебной и научной литературы
Силами издательского отделения Академии выпущено в свет более 40 учебных и научно-популярных изданий, которые переводятся и издаются крупнейшими издательствами Северной и Южной Америки, Европы и Азии.

Книжный интернет-магазин:
в Израиле: www.kbooks.co.il/ru
в России и странах СНГ: www.kbooks.ru
в Америке: www.kabbalahbooks.info

Приложения

Телеканал в интернете - "Каббала ТВ"
Ежедневная прямая трансляция уроков профессора Михаэля Лайтмана с синхронным переводом на 7 языков, демонстрацией чертежей, возможностью задавать вопросы и получать ответы в реальном времени: **www.kab.tv/rus**.

Онлайн курс: уроки на русском языке для начинающих, в прямом эфире по воскресеньям с 16:00 до 17:00 (время иерусалимское).

Телеканал "Каббала ТВ" предоставляет Вашему вниманию фильмы, видеоклипы, телемосты и тематические беседы с ведущими учеными, журналистами и деятелями искусства.

Сайт Международной академии каббалы
Сайт академии каббалы **www.kab.info** отмечен энциклопедией "Британика" как один из крупнейших учебно-образовательных интернет-ресурсов по числу посетителей, количеству и информативности материала.

Он доступен пользователям на 30 языках и насчитывает 4.5 миллиона посетителей в месяц, которым предоставляется бесплатный и неограниченный доступ ко всем опубликованным материалам.

Медиаархив сайта содержит более 8000 уникальных видеозаписей лекций, продублированных также в аудио- и текстовом форматах.

Курсы дистанционного обучения
www.kabacademy.com
Международная академия каббалы предоставляет возможность бесплатного, углубленного и

интерактивного изучения науки каббала на курсах дистанционного обучения. В программе курсов дается сравнительный анализ науки каббала и других наук, излагаются взгляды каббалистов на возникновение и эволюцию Вселенной, рассматриваются основные методы взаимодействия человека с обществом и природой. Все материалы сайта находятся в открытом доступе, предусмотрено подключение к лекциям в режиме онлайн и прямое взаимодействие с преподавателем. По окончании обучения студент получает диплом и возможность участия в конгрессах, проводимых академией в разных странах мира.

Очные курсы для начинающих
Цель курса:
- ознакомить с основами науки каббала, каббалистическим методом восприятия и познания действительности;
- дать представление о происхождении и развитии мира, о причине и цели существования человека;
- научить ориентироваться в многочисленных книгах и материалах по каббале, практически применять полученные знания в решении проблем воспитания молодежи.

Занятия проводят преподаватели Международной академии каббалы, ученики проф. Михаэля Лайтмана.

Предварительная запись по телефону: **+972-3-921-7172** или **+972-545-606-810**

Приложения

АННОТАЦИЯ К КНИГАМ

Знакомство с каббалой

В поисках счастья

Летом 1940 года, когда европейская бойня уже разгоралась, в Иерусалиме произошло событие, значение которого тогда некому было оценить. Впервые каббалист обратился к людям через газету с ясным посланием. Это был Бааль Сулам - величайший каббалист нашего времени.

Потребовалось целых 67 лет, чтобы его газета "Народ" была продолжена. Сегодня она выходит под разными названиями во многих странах и на разных языках.

По следам ее публикаций написана эта книга. Она несет послание каббалы и рассказывает о том, без чего миру сегодня не обойтись: об истории, о современности, о будущем, о вечности и совершенстве, и конечно, о счастье.

Вавилонская башня - последний ярус

В книге описаны основные каббалистические законы, наряду с результатами последних исследований в различных областях науки. Вы познакомитесь с программой развития человечества и себя как его части, увидите, каким образом можно правильно ее реализовать, с тем, чтобы достичь вершины своего развития.

Авторы: профессор Михаэль Лайтман, профессор Эрвин Ласло.

Для изучающих каббалу

Каббала для начинающих. Том 1, 2

Предлагаем вашему вниманию новое учебное пособие, при создании которого была предпринята попытка системного изложения основных разделов классической каббалы современным научным языком. Книга составлена на основе лекций проф. М. Лайтмана и снабжена чертежами, справочной информацией, ссылками на аудио- и видеоматериалы и печатные классические каббалистические источники.

Использование изложенного здесь научного материала рекомендуется как для самостоятельных занятий, так и в качестве учебного пособия для студентов Международной академии каббалы, и открывает возможность для более углубленного изучения оригинальных трудов великих каббалистов, таких как книга "Зоар", "Учение Десяти Сфирот" и других.

Книга "Зоар"

Древнейший источник знания, основа каббалистической литературы - книга "Зоар", напи-

Приложения

санная метафорическим языком, - была покрыта тайной все 2000 лет своего существования. Истинный смысл скрытого за метафорами текста и ключ к его пониманию веками передавался только от учителя к ученику. Расшифровать тексты книги "Зоар" пытались мудрецы и мыслители всех времен и народов. Эти попытки не оставляют и современные ученые.

В предлагаемое издание включены фрагменты оригинальных текстов с переводом и пояснениями М. Лайтмана, основанными на исследованиях выдающихся каббалистов и на собственном опыте.

Автор раскрывает широкому кругу читателей тайный код, с помощью которого вы можете сами прикоснуться к информации, зашифрованной древними каббалистами.

Наука каббала. Том 1, 2

Эта книга - базовый курс для начинающих изучать науку каббала. Великий каббалист XX века Бааль Сулам изложил тексты основных каббалистических источников современным языком.

Главная часть книги - статья "Введение в науку каббала" - приводится с комментариями последователя и наследника школы Бааль Сулама, современного каббалиста Михаэля Лайтмана. Учебный курс включает альбом графиков и чертежей духовных миров, контрольные вопросы и ответы, словарь каббалистических терминов.

Во втором томе приведен текст Бааль Сулама на иврите и словарь. После освоения статьи на языке оригинала читателю станут доступны практически все основные каббалистические источники.

 аскрытие каббалы

Услышанное (Шамати)

Книга "Шамати" дает вам не только знания, накопленные поколениями каббалистов на протяжении тысячелетий, а прежде всего, подход к изучению каббалистического текста по внутренней работе человека. Читая статьи "Шамати", вы ощутите, что прикасаетесь к вечной истине. Постепенно вы научитесь проникать сквозь буквы и фразы внутрь все глубже и глубже, пока перед вами не раскроется Бесконечность.

Книга составлена на основе уроков Михаэля Лайтмана по первым двадцати статьям книги.

Учение Десяти Сфирот

Материал книги основан на курсе, прочитанном руководителем Международной академии каббалы, каббалистом, профессором Михаэлем Лайтманом по фундаментальному каббалистическому источнику - "Учение Десяти Сфирот", соединяющему глубочайшие знания двух великих каббалистов - Ари (XVI в.) и Бааль Сулама (XX в.).

"Учение Десяти Сфирот" - основной учебник по науке каббала, раскрывающий полную картину мироздания. Книга, в которую вошли комментарии Михаэля Лайтмана на 1-ю, 3-ю и 9-ю части этого уникального научного труда, дает возможность постижения этой картины.

Классическая каббала

Сборник трудов Бааль Сулама

Йегуда Ашлаг широко известен мировой общественности под именем Бааль Сулам, которое

Приложения

получил после написания своего комментария на "Книгу Зоар" под названием "Сулам" (лестница - ивр.).

Книга содержит адаптированные для широкой аудитории статьи, впервые публикуемые на русском языке. Оригинальные источники, в большинстве своем представляющие собой оставшиеся нам в наследие рукописи Йегуды Ашлага, были старательно и скрупулезно переведены, отредактированы и подготовлены к печати научными работниками Международной Академии каббалы под руководством профессора Михаэля Лайтмана.

Публикуемые материалы содержат глубокий и захватывающий анализ путей решения различных общественно-политических проблем, являющихся особенно актуальными в наше время, когда все человечество погружается в глобальный кризис, требующий своего радикального решения.

Услышанное (Шамати)

Статьи, записанные со слов каббалиста Йегуды Ашлага (Бааль Сулама) его сыном и учеником, каббалистом Барухом Ашлагом (РАБАШ). Издание составлено под руководством Михаэля Лайтмана, ученика и ближайшего помощника Баруха Ашлага. Эта книга предназначена для духовного подъема человека и рассказывает о духовных понятиях, вне всякой связи с предметами и явлениями материального мира.

Учение Десяти Сфирот

"Учение Десяти Сфирот" - фундаментальный труд, соединяющий глубочайшие знания двух

Раскрытие каббалы

великих каббалистов - АРИ (XVI в.) и Бааль Сулама (XX в.). Это основной учебник по науке каббала, раскрывающий полную картину мироздания.

Материал данной книги основан на курсе, проведенном по Интернету руководителем Международной академии каббалы, каббалистом, профессором Михаэлем Лайтманом. Вы встретите здесь полный перевод оригинального текста первой части "Учения Десяти Сфирот", включая приводимые Бааль Суламом точные определения каббалистических терминов, его всесторонний анализ рассматриваемого материала - в разделе "Внутреннее созерцание", а также понятный нашему современнику комментарий М. Лайтмана с чертежами и ответами на присылаемые вопросы.

Духовное возрождение

Эта книга познакомит вас с трудами Бааль Сулама, каббалиста, жившего на рубеже эпох и предвосхитившего основные тенденции нового времени. Когда волны кризисов прокатываются по "глобальной деревне", в которой мы живем, растет необходимость в грамотном подходе, в правильной формуле построения счастливого человеческого общества. Не зная законов общественного развития, мы сталкиваемся с неразрешимыми проблемами как личного, так и общечеловеческого характера. На этом фоне социальные воззрения Бааль Сулама становятся как никогда актуальными и востребованными.

Приложения

Для детей

Чудеса бывают

Сказки для детей и не только... Новая книга сказок, написанных и иллюстрированных молодыми авторами, станет прекрасным подарком для детей разного возраста и их родителей. Сказочные волшебники и обычные люди попадают в ситуации, которые заставляют их сделать выбор, и только тогда они, а вместе с ними и читатель, понимают, что если ты хочешь чуда для себя, то оно кончается очень быстро. Если ты хочешь чуда для друга, то оно не кончится никогда.

Сказка о Добром Волшебнике

Сказка - это мудрость. Ведь все проходит, и только истинные сказки остаются.

Чтобы рассказывать сказки, надо очень много знать, необходимо видеть то, что не видно другим. Волшебник может всё, но не может быть один...

Каббалистическая сказка для детей и взрослых о добром Волшебнике, ищущем Друга.

Центры изучения каббалы
(обучение бесплатное)

США (Восточное побережье) . . . . +1 (800) 540-3234
США (Западное побережье). . . . . . +1 (650) 533-1629
Канада . . . .+1-866 LAITMAN
Израиль . . ..+972 (545) 606-701
Россия . . . . +7 (495) 6460116

Заказ книг
Россия и страны СНГ . . . . .www.kbooks.ru
         +7 (495) 649-62-10
Америка . . . . www.kabbalahbooks.info
         +1 (646) 435-0121
Канада . . . . www.kabbalahbooks.info
         +1-866 LAITMAN
Израиль . . .. www.kbooks.co.il/ru
         +972 (3) 921-7172, +972 (545) 606-810
Австрия . . . . +43 (676) 844-132-200
Заказ книг и учебных материалов
на английском языке   . . . . +1-866 LAITMAN

Приложения

Сайт Академии каббалы
www.kab.info

Прямая трансляция занятий
www.kab.tv/rus

Курсы дистанционного обучения
www.kabacademy.com

Архив учебных материалов
www.kabbalahmedia.info

Интернет-газета "Единый мир"
www.kabmir.com

Почтовый адрес
Bnei Baruch P.O.B. 3228 Petah Tikva 49513 Israel
russian@kabbalah.info

www.ingramcontent.com/pod-product-compliance
Lightning Source LLC
LaVergne TN
LVHW010317070526
838199LV00065B/5587